영靈은
실체實體다

영靈은 실체實體다

최영삼 저

머리말

    기독교가 성경적 신앙이 되지 못하고 있는 가장 근본적인 문제는 실제적인 '영성신학(靈成神學)'을 성경적으로 정립하지 못한 데 있다. 영은 초월적 존재이기 때문에 가시적이며 물리적인 결과만이 기준인 인간으로서는 그 실제성을 올바로 인식하기가 대단히 어렵다. 그래서 영을 추상적이며 관념적인 인식의 대상으로만 여긴다.

    삼위일체 하나님이신 성령께서도 인간에게 하실 수 있는 최대한의 역사가 오직 "감화와 감동"인 것으로 이해하고 믿는 것도 그 때문이다. 목사가 축도를 할 때 성령의 감화와 감동을 위해서만 기도하는 것도 같은 이유에서다. 또 그래서 항상 감동 받은 대로 결단하고 노력하며 구별된 삶을 살아야 한다는 종교적인 "제자훈련"이 기독교의 가장 건전한 신앙으로 자리매김하고 있다.

    이렇다 보니 기독교는 구약의 율법대로 살아야 한다는 유대교를 비판하면서도 신약을 기준한 말씀대로 살아야 하는 율법적인 종교가 되었다. 목회도 "감화와 감동"을 위한 설교가 영적인 것으로 강조되고 있는 것이 현실이다.

자신에게서 나타난 모든 신비한 역사들의 원인이 성령이라는 전제하에서만 성립할 수 있는 은사들을 결과 기준으로만 평가하고 추구하고 있는 것이 기독교 영성신학의 현실이다. 그 대표적인 경우는 성령을 받은 객관적 증거가 방언을 하는 것으로 대부분 간주하고 있는 것이다. 세상에서 방언을 가장 많이 하는 종교는 성령 하나님과는 아무런 상관도 없는 인도의 힌두교이다.

은사적으로 정립하고 있는 '영성신학'은 절대로 성경적인 '영성신학'일 수 없다. 영성의 문제는 기독신앙의 본질적인 요소이다. 은사적인 부수적 문제가 아니다. 성령의 역사 없이는, 베드로가 주님이 메시아이심을 고백한 것을 "이를 네게 알게 한 이는 혈육이 아니요 하늘에 계신 내 아버지시니라."(마 16:17)라고 하심과 같이 주님을 알 수도, "성령으로 아니하고는 누구든지 예수를 주시라 할 수 없느니라."(고전12:3)라고 하심과 같이 믿을 수도 없다. 그래서 기독신앙은 '오직 성령'이다. 기독교가 성경적이지 못하게 된 가장 근본 원인은 '영성신학'을 성경적으로 올바로 정립하지 못했기 때문이다.

기독교는 하나님의 삼위일체 교리를 부인하는 사람을 예나 지금이나 항상 이단으로 정죄한다. 하나님의 삼위일체란 성부 하나님과 성자 하나님과 성령 하나님이 하나(요10:30)라는 교리다. 하나님의 삼위일체를 인정하는 신앙이라면 성령을 받는다는 말은 창조주 하나님께서 직접 인간의 심령 속에 들어오신다는 말일 것이다. 그러므로 성령을 받는다는 것은 육신의 인간이 실제로 창조주 하나님이 되는 것으로 이해해야 한다. 그래서 주님께서도 성령을 받는 것이 어떤 사람이 되느냐 하는 것을 "내가 진실로 진실로 너희에게 이르노니 나를 믿는 자는 나의 하는 일을 저도 할 것이요 또한 이보다 큰 것도 하리니 이는 내가 아버지께로 감이니라."(요14:12)라고 하셨을 뿐 아니라 "진실로 너희에게 이르노니 너희가 만일 믿음이 한 겨자씨만큼만 있으면 이 산을 명하여 여기서 저기로 옮기라 하여도 옮길 것이요 또 너희가 못할 것이 없으리라."(마17:20)라고 하신 것이다.

그래서 성령을 받은 사람은 하나님 자신이라는 것을 "저희를 향하여 숨을 내쉬며 가라사대 성령을 받으라. 너희가 뉘 죄든지 사하면 사하여질 것이요 뉘 죄든지 그대로 두면 그대로 있으리라."(요20:22-23)라고 확인까지 하신 것이다.

성령 하나님이 인간에게 하실 수 있는 역사의 최대가 "감화와 감동"뿐이라면 물리적인 천지 창조란 사실이 아니거나 "감화와 감동"의 소산물이어야 한다. 하나님은 영(요4:24)이시기 때문에 영이 실체가 아니면 하나님이 천지를 물리적으로 창조하셨다는 것은 절대로 성립할 수 없는 논리다. 그러므로 영이 물리적 실체가 아니라면 하나님의 천지 창조는 역사적 사실일 수 없다. 우연 발생설의 진화론이 오히려 과학적 진리이다.

온 우주 만물이 존재하고 있는 것은 온 우주 만물을 창조하신 창조주 하나님은 "창세로부터 그의 보이지 아니하는 것들 곧 그의 영원하신 능력과 신성이 그 만드신 만물에 분명히 보여 알게 되나니 그러므로 저희가 핑계치 못할지니라."(롬1:20)의 말씀처럼 그의 능력과 신성이 물질계를 초월한 영적 존재이면서 동시에 물리적인 실체라는 객관적인 증거다.

영은 물리적 실체이면서도 초월적인 존재이기 때문에 영 자신이 인간에게 계시해 주지 않으면 인간으로서는 그 존재성이나 역사성을 전혀 알 수 없다. 그렇기 때문에 설혹 영이 계시를 했어도 "믿음이 없이는 기쁘시게 못하나니 하나님께 나아가는 자는 반드시 그가 계신 것과 또한 그가 자기를 찾는 자들에게 상 주시는 이심을 믿어야 할지니라."(히11:6)의 말씀대로 믿음 외에는 인간의 오감을 통해서는 그 존재성이나 역사성을 인식하는 것은 전혀 불가능하다. 그래서 기독신앙은 오직 믿음인 것이다.

　부활하신 주님이 인간의 논리로나 이성으로는 설명할 수 없는 시공을 초월한 초월적인 영적 존재이시면서도 "나를 만져보라 영은 살과 뼈가 없으되 너희 보는 바와 같이 나는 있느니라."(눅24:39)라고 하심과 같이 물리적인 실체이시기 때문에 심지어 "구운 생선 한 토막을 드리매 받으사 그 앞에서 잡수시더라."(눅24:42-43)라는 증거대로 생선을 잡수시기까지 하신 것이다. 영의 실체성을 성경적으로 정립하지 못한 기독교의 신학은 아직도 신약성경을 기준으로 하고 있는 율법적인 유대교에 머물러 있는 종교이지, 결코 "오직 믿음"의 성경적 기독신앙의 교회가 아니다.

　신구약 성경 전체는 영이 실체임을 증거한 책이다. 영의 실체성을 정립하지 못하면 성경은 종교적인 교훈집이거나 이스라엘 무협지의 한계를 벗어나지 못한 문학 작품의 허구이지 결코 역사적 사실을 기록한 책이 아니다. 누구든지 영의 실체성을 정립하지 못하고는 성경을 일점일획도 오류가 없는 하나님의 말씀으로 믿는다는 것은 불가능하다. 영이 실체라는 전제에서만 성경은 하나님의 말씀이다.

　성경을 떠나서 기독교는 존재할 수 없다. 기독교가 성경의 무오성과 권위를 실제로 믿지 못하고 있는 근본 원인은 영의 실체성을 성경적으로 올바로 정립하지 못하고 있기 때문이다. 영의 실체성에 관한 실제적인 믿음이 없이는 어떤 기독교적 신학도 절대로 성경적일 수 없다.

성경으로 돌아가자.

Back to the Bible.

www.btbible.com

2012년 7월

최영삼 목사

목차

머리말

1장 기독신앙의 본질적 요소들

1. 오직 성경 · 14
1) 성경관 · 14
2. 분별력 · 22
  1) 정경의 범위 · 23
  2) 종교와 신앙 · 34
  3) 유일신 신앙 · 38

2장 기독신앙의 기초들

  1) 기독교의 기초 · 46
  2) 성경적 믿음 · 50
  3) 예수 그리스도 · 55
  4) 기독교의 구원 · 64
  5) 영(靈)=실체(實體) · 73

3장 하나님의 삼위일체

1. 하나님의 삼위일체 · 88

1) 삼위일체론 정립 ·88
2) 성경적 삼위일체 ·91
3) 하나님=빛 ·96
4) 오직 성령 ·105
5) 복음서신학과 서신서신학 ·110

4장 인간론

1) 인간의 정체성 ·122
2) 초월적(超越的) 존재 ·125
3) 시공 초월 ·129
4) 완전 자유자 ·135
5) 영의 종류 ·135
6) 혼의 기능 ·138
7) 영의 기능 ·141
8) 혼과 영 ·145
9) 영의 처소 ·147
10) 육체우선(肉體優先) ·152

5장 인간의 설계

1) 사람 창조의 설계도-1 ·158
2) 사람 창조의 설계도-2 ·165
3) 독생(獨生)하신 하나님 ·175

6장 인간의 타락

    1) 하나님의 소원 · 182
    2) 인간의 타락 · 189
    3) 천국구원의 조건 · 200

7장 하나님의 구원

1. 율법의 임무 · 210
2. 성경적 구원 · 216
3. 하나님의 성전 · 219
4. 마귀의 집 · 229

8장 영은 실체다

1. 세족식 · 235
2. 보혜사(παρακλητος) 십자가 · 244
3. 다른 보혜사 · 252
4. 영은 실체다 · 261
    1) 베드로 증거 · 261
    2) 성령침례 · 265
    3) 영은 실체다 · 269

1장
기독신앙의 본질적 요소들

기독교만큼 분파가 많은 종교도 없다. 우리나라 장로교의 교단만도 무려 100개가 넘는다. 유일신만 섬기며 동일한 신구약성경 66권에 근거한 기독교이면서도 이렇게 많은 분파로 나뉘고 있는 원인은 여러 가지겠지만 가장 근본적인 문제는 아직까지도 기독교가 기독교 되기 위한 본질적 요소를 체계적으로 정립하지 못하고 있기 때문이다.

1. 오직 성경

성경을 떠나서 기독교는 존재할 수 없다. 성경이 없으면 기독교는 없다. 성경이 없으면 하나님의 천지창조도, 예수 그리스도의 처녀잉태나 십자가와 부활도 없는 것이다. 기독교의 모든 요소들의 유일무이한 근거는 오직 '성경'뿐이다.

1) 성경관
기독신앙의 모든 요소를 가늠하는 유일한 기준 또한 당연히 '오직 성경' 뿐이다. 그래서 성경을 가리켜 기독교의 척도(尺度 cannon)라고 한다. 따라서 기독교의 모든 문제의 근본은 당연히 성경관에서 찾아야 한다. 성경관의 문제는 성경과 얼마나 일치하느냐의 문제이다.

a. 말씀의 종교

기독교는 말씀의 종교다. 성경이 "예언은 언제든지 사람의 뜻으로 낸 것이 아니요 오직 성령의 감동하심을 입은 사람들이 하나님께 받아 말한 것임이니라."(벧후1:21)라고 증거하심과 같이 하나님께서 하나님 자신의 존재성과 하나님의 뜻을 인간의 언어로 계시하신 것을 문자로 기록한 것이다. 그래서 성경은 하나님의 말씀만도 인간의 말만도 아닌, '하나님의 말씀이면서 동시에 인간의 말' 이다.

b. 일반계시와 특별계시

하나님은 하나님과 하나님의 뜻을 인간이 알고 믿게 하기 위해 두 가지 방법으로 계시하셨다. 자연 만물을 통하여 계시하신 일반계시와 말씀으로 계시하신 특별계시다. 하나님의 존재성을 알고 믿게 하시는 데는 자연 만물을 통한 일반계시로도 충분하지만(롬1:20), 인간의 영혼을 구원하기에는 일반계시만으로는 충분하지 않기 때문에 하나님께서 인간의 언어로 특별히 계시하신 것이다.

언어란 인격체간의 인격적 교제의 최선, 최고의 수단이다. 하나님이 인간의 언어로 계시하셨다는 것은 하나님은 인간과의 인격적 교제를 통해서 인간의 영혼을 구원하시지 않으면 안 되기 때문에 특별히 하나님의 말씀이면서 동시에 인간의 말로 계시하신 것이다.

c. 축자영감(逐字靈感)

성경은 하나님께서 인간을 구원하시기 위해 "모든 성경은 하나님의 감동으로 된 것으로 교훈과 책망과 바르게 함과 의로 교육하기에 유익하니"(딤후3:16)라는 말씀대로 하나님의 계시대로 인간이 기록한 것이기 때문에 신구약성경 66권은 일점일획도 오류가 없는 하나님의 말씀이다.

그래서 주님께서도 "천지가 없어지기 전에는 율법의 일점일획이라도 반드시 없어지지 아니하고 다 이루리라."(마5:18)고 성경의 무오성(無誤性)을 증거하신 것이다. 이는 마치 성경을 일일이 계시하신 하나님은 타이피스트이시고 성경을 기록한 인간은 타이프라이터와 같다는 의미이다.

d. 문맥적 해석

어느 문장이나 문맥을 떠나서 해석해서는 안 된다는 것은 문장 해석의 원칙이다. 축자영감설이라고 문맥과 상관없이 문자로만 해석한다는 의미가 아니다. 문맥에서의 의미와 모순되는 해석은 성경을 하나님의 말씀으로 해석하는 것이 아니다. 단어로는 같은 양(羊)이지만 성경에서는 여러 가지 의미로 쓰였다. 이것은 오직 문맥으로만 구별이 가능하다.

e. 통일성

신구약성경 66권은 1600여년(BC1500-AD100)에 걸쳐 40여명이 제각기 쓴 것을 종합한 것이다. 때문에 전지전능하신 하나님 한 분이 성경 전체를 계시하신 것이 아니라면 성경의 내용이 통일성을 이룬다는 것은 가능하지 않다. 성경은 놀랍도록 완전한 통일성을 견지하고 있다. 신구약성경 66권이 하나님의 말씀이라는 가장 객관적 증거는 성경의 완전한 통일성에 있다.

따라서 성경의 통일성에 모순되게 해석하는 것은 성경을 하나님의 말씀으로 해석하는 것이 아니다. 원칙적으로 성경의 어느 한 부분도 성경 전체의 통일성에 모순되게 해석해서는 안 된다. 코끼리 다리를 코끼리로 해석해서는 안 되는 것처럼 이 점이 성경해석에 있어서 가장 중요하면서 또 어려운 문제다.

f. 말씀이 육신이 되어

기독교는 예수 그리스도를 구세주로 믿는 종교다. 예수 그리스도는 "처녀가 잉태하여 아들을 낳을 것이요 그 이름을 임마누엘이라 하리라."(사7:14)의 말씀대로 "말씀이 육신이 되어"(요1:14) 세상에 오신 분이다. 기독신앙에 있어서의 말씀이란 소리로서의 의미만이 아니라 물리적 실제이다.

기독신앙이란 이와 같이 성경 말씀을 물리적 실제로 믿는 신앙이다. 성경 말씀을 물리적 실제로 믿지 않으면 "하나님이 세상을 이처럼 사랑하사 독생자를 주셨으니 이는 저를 믿는 자마다 멸망치 않고 영생을 얻게 하려 하심이라."(요3:16)고 하신 예수 그리스도를 구세주로 믿는 기독신앙이 아니다. 기독신앙의 문제는 아무리 작은 성경의 말씀이라도 얼마나 실제로 믿느냐의 문제이다. 즉 성경구절을 얼마나 많이 알고, 암송하고, 이해하느냐의 문제가 아니다.

하나님은 말씀으로 천지를 창조하셨다.(창1:1-31) 기독신앙에 있어서의 성경 말씀은 "태초에 말씀이 계시니라 이 말씀이 하나님과 함께 계셨으니 이 말씀은 곧 하나님이시니라. 그가 태초에 하나님과 함께 계셨고 만물이 그로 말미암아 지은 바 되었으니 지은 것이 하나도 그가 없이는 된 것이 없느니라." (요1:1-3)는 말씀처럼 말씀으로 창조하셨을 뿐 아니라 말씀이 창조하셨다.

성경 말씀은 "태초부터 있는 생명의 말씀에 관하여는 우리가 들은 바요 눈으로 본 바요 주목하고 우리 손으로 만진 바라."(요일1:1)의 말씀처럼 소리로서의 말씀이면서 동시에 물리적 실제인 것이 기독신앙의 믿음의 근본이다.

g. 과학과 성경

불신자들은 물론 그리스도인들 가운데서도 성경을 과학적으로 보아서는 안 된다고 생각하는 사람들이 의외로 많다. 대부분의 그리스도인들도 불신자들과 마찬가지로 하나님이나 성경보다는 과학을 더 신뢰하는 것이 사실이다. 과학을 신뢰하는 까닭은 과학은 실제적인 사실이기 때문일 것이다. 실제로 내일 춥다면 춥고 비가 온다고 하면 비가 온다. 그리스도인들 중에서도 성경을 과학적으로 보아서는 안 된다고 하는 것은 성경은 실제적 사실이 아니라고 믿고 있다는 반증이다.

과학이 무엇인가? 과학 중에서 가장 완전한 과학은 자연과학이지 통계의 오차범위를 인정해야 하는 인문과학이 아니다. 자연과학이란 자연의 법칙이다. 자연의 법칙이란 하나님의 창조의 법칙이다. 그리고 성경은 창조주 하나님의 말씀이다. 그렇다면 과학과 성경은 절대로 모순되어서는 안 된다. 모순되면 과학이 아니다. 그런데도 하나님을 믿는 그리스도인들이 과학과 성경이 모순된다고 생각한다. 성경말씀은 실제가 아니라고 믿고 있기 때문이다.

　가장 완전한 과학은 성경이지 인간이 정립한 과학이 아니다. 성경을 완전한 과학으로 여기지 못하는 것은 성경이 과학적으로 완전하지 않아서가 아니다. 오히려 완전하지 않은 것은 인간의 과학이다. 그런데도 성경을 비과학적인 말씀으로 오인하고 있는 것은

　첫째, 완전한 과학적 논리의 성경수준까지 미치지 못하고 있는 불완전한 현재의 과학을 기준으로 한 잣대로 성경을 판단하기 때문이다. 아직도 완전하지 못한 과학을 완전한 것으로 착각하여 이와 모순되는 성경을 비과학적이라고 판단하는 것이다. 마치 초등학생이 이해가 되지 않는 대학생 책을 잘못됐다고 생각하는 것과 같다.

　둘째, 성경의 과학성을 최신과학이 이미 충분히 증거했음에도 불구하고 자신이 이를 아직 알지 못하여, 자기 수준에서 성경을 비과학적인 논리로 오해하고 있는 자신의 주관적인 견해를 마치 누구나 인정할 수밖에 없는 보편타당한 객관적 논리인 것처럼 착각하기 때문이다. 이 세상에 가장 완전한 과학적인 논리는 진리의 성경말씀 외에는 없다. 성경말씀만이 완전

한 과학이다.

h. 있는 대로

많은 그리스도인들이 성경을 읽을 때 기록된 말씀 속에 숨어있는 깊은 비밀을 알기 위해 기도하곤 한다. 그런데 성경을 읽을 때 가장 기도해야 하는 문제는 말씀 속에 숨어있는 비밀이 아니라 기록한 말씀을 '있는 그대로' 보는 문제다. 이 점이 성경을 올바로 읽고 이해하는 데 있어서 가장 중요하고 또 어려운 문제다.

인간은 '있는 대로' 보는 존재가 아니다. 자기 '마음대로' 보는 존재다. 인간의 이런 문제 때문에 주님께서도 "천지의 주재이신 아버지여 이것을 지혜롭고 슬기 있는 자들에게는 숨기시고 어린 아이들에게는 나타내심을 감사하나이다."(마11:25)라고 하신 것이다. 어린 아이 같이 성경을 '있는 대로' 보아야 성경 말씀을 옳게 깨닫도록 성령께서 역사하신다. '마음대로' 보면 마귀만 역사한다.

그래서 '있는 대로' 보게 해달라고 기도하지 않으면 인간은 성경을 '마음대로' 본다. 성경 말씀을 '있는 대로' 보지 않는 것은 성경을 하나님의 말씀으로 보는 것이 아니다. '마음대로' 보는 것은 자기 자신의 말이며 마귀의 말일 뿐이다.

2. 분별력

인간이 동물과 구별되는 가장 중요한 점은 "본래 잡혀 죽기 위하여 난 이성 없는 짐승 같아서 그 알지 못한 것을 훼방하고 저희 멸망 가운데서 멸망을 당하며"(벧후2:12)라는 성경의 지적과 같이 분별력의 문제다. 아무리 지식이 많고 큰 능력을 갖고 있는 사람이라 할지라도 분별에 문제가 있으면 절대로 성공할 수 없다. 인간의 인격 문제도 분별력이 얼마나 뛰어나냐의 문제다.

이 점을 성경은 "여호와 하나님이 그 땅에서 보기에 아름답고 먹기에 좋은 나무가 나게 하시니 동산 가운데에는 생명나무와 선악을 알게 하는 나무도 있더라."(창2:9)라고 말씀하심 같이 인간에게 생명 다음으로 중요한 문제는 선악을 분별하는 분별력의 문제라고 하시는 것이다. 그래서 성경은 "여호와 하나님이 그 사람에게 명하여 가라사대 동산 각종 나무의 실과는 네가 임의로 먹되 선악을 알게 하는 나무의 실과는 먹지 말라. 네가 먹는 날에는 정녕 죽으리라 하시니라."(창2:16-17)라고 하심과 같이 선악을 분별하지 못하는 사람은 죽은 사람이라고 말씀하셨다. 선악을 분별하는 것이 인간됨의 전부라는 말씀이다. 선악의 분별력이 인간의 생명이라는 말씀이다.

성경 전체를 통해서 하나님께서 강조하신 인간의 문제는 분별력이다. 분별력을 상실했기 때문에 하나님의 정녕 죽는다는 경고(창2:17)를 무시하고 선악과를 따먹은(창3:6) 것이 인간이다. 이렇게 분별력을 상실한 인간은 살아있는 것으로 보이나 실상은 죽은 자이다.

인간에게 있어서의 분별력의 문제는 생사의 문제다. 주님을 십자가에 못 박은 것도 "아버지여 저희를 사하여 주옵소서. 자기의 하는 것을 알지 못함이니이다."(눅23:34)라고 하실 때 '알다'의 헬라어 '오이다'(οιδα)도 '분별하다'이다. 주님을 메시아로 올바로 분별하지 못해서 십자가에 못 박았다는 말씀이다.

이렇듯 하나님께서 인간에게 있어서 분별력이 가장 중요하도록 설계하신 것은 신앙을 위해서다. 성경 말씀을 옳게 분별해야 하기 위함인 것이다. 좌로도 우로도 치우치지 않고, 더 하지도 빼지도 않고 하나님의 말씀을 '있는 그대로' 분별하여 알고 믿게 하기 위함이다. 성경 말씀을 자기 '마음대로' 보는 것은 분별이 아니다.

1) 정경의 범위

성경을 분별함에 있어서 가장 먼저 생각해야 할 중요한 점은 정경의 범위를 분별하는 문제다. 정경을 '캐논'(cannon) 즉 잣대(尺)라고 하는 이유 중 하나는 정경의 범위 자체가 정확해야 한다는 뜻이다. 잘못된 자로 측량한 결과에 대해서는 사실인지 여부를 확인해 볼 필요조차 없다. 1m라고 하는 자가 실제로는 90cm이거나 110cm이어서는 재보나마나 맞지 않는다. 이렇듯 정경의 범위의 문제는 성경적 신앙을 가늠하는 절대적인 잣대이다.

성경도 이 점의 중요성을 강조하기 위하여 신구약성경 66권의 마지막에 "내가 이 책의 예언의 말씀을 듣는 각인에게 증거하노니 만일 누구든지 이것들 외에 더하면 하나님이 이 책에 기록된 재앙들을 그에게 더하실 터이요. 만일 누구든지 이 책의 예언의 말씀에서 제하여 버리면 하나님이 이 책에 기록된 생명나무와 및 거룩한 성에 참예함을 제하여 버리시리라."(계 22:18-19)라고 경고하신 것이다. 정경의 범위의 절대성을 신구약성경 66권에서 더해도, **빼도** 영원히 용서받을 수 없는 지옥의 형벌로 정죄한다는 무서운 경고로 강조하셨다.

a. 유대교의 정경

기독교의 조상종교인 유대교는 구약 39권만을 하나님의 말씀인 정경으로 인정하고 기독교의 신약 27권은 정경으로 인정하지 않는다. 이러한 유대교에게 그들이 정경으로 인정하지도 않는, 인간이 자의적으로 추가해 놓았다고 믿는 신약성경을 근거(계22:18-19)로 유대교의 정경의 범위의 문제를 제기해봐야 아무 의미가 없다. 그런데도 아직까지 그리스도인들이 유대인들에게 신약의 정경성을 신약에서만 증거하고 있는 점은 안타까운 일이다. 유대인에게 있어서 정경의 범위의 문제는 반드시 그들이 정경으로 믿고 있는 구약에서 증거하지 않으면 안 된다.

분명히 하나님께서는 구약만으로 하나님의 계시가 완성된 것이 아니라 신약이 있어야 한다는 점을 구약성경에서 "나 여호와가 말하노라. 보라 날이 이르리니 내가 이스라엘 집과 유다 집에 새 언약을 세우리라."(렘31:31)라고 약속하셨다. 그럼에도 유대교가 구약만을 정경의 완성으로 이해하는 것은 이어서 "나 여호와가 말하노라. 이 언약은 내가 그들의 열조의 손을 잡고 애굽 땅에서 인도하여 내던 날에 세운 것과 같지 아니할 것은 내가 그들의 남편이 되었어도 그들이 내 언약을 파하였음이니라."(렘31:32)라는 말씀에서 '내가 그들의 손을 잡고 애굽 땅에서 인도하여 내던 날에 세운 것' 이라고 말씀하신 것을 모세5경으로 해석하기 때문이다.

유대교의 문제는 이 말씀을 문자적으로만 십계명이나 모세

5경으로 이해하여 하나님이 세우시겠다고 하신 새 언약을 모세5경 이후의 여호수아서에서부터 나머지 구약으로 해석하는 것이다. 그러나 하나님께서 새 언약의 약속을 말씀하고 계신 본문에서의 제1차적 대상은 유다가 멸망할 당시에 활동하고 있었던, 구약의 마지막 시대의 예레미야로 모세가 아니다. 따라서 예레미야에게 세우실 새 언약은 모세5경 이후의 구약성경일 수 없다.

그럼에도 불구하고 유대교가 새 언약의 문제를 오해하고 있는 것은 '율법'의 범위를 잘못 적용했기 때문이다. 신구약 성경에서 하나님의 말씀을 지칭할 경우로서의 율법은 '십계명'과 '모세5경'과 '구약' 전체의 세 가지 의미로 쓰였다. 가장 협소한 의미로는 '십계명'이다. '모세5경'도 율법이라고 하는 것은, '십계명'을 더 자세히 풀어쓴 것이기 때문이다. 또 '구약' 전체를 율법이라고 하는 것도, '구약' 전체는 '십계명' 즉 '모세5경'을 더 자세히 풀어썼기 때문이다. 따라서 '내가 그들의 열조의 손을 잡고 애굽 땅에서 인도하여 내던 날에 세운 것'의 의미는 '십계명'과 '모세5경'과 '구약'으로 해석할 수 있는 것이지 '십계명'이나 '모세5경'으로만 해석해야 하는 것이 아니다.

따라서 하나님께서 예레미야에게 약속하시어 세우겠다고

하신 새 언약은 구약 이후의 언약이어야만 한다. 하나님께서 약속하신 새 언약이 기독교의 27권이냐 또는 회교의 코란이냐의 문제는 차치하고라도, 하나님께서 인간을 구원하시겠다는 약속을 성취하시는 데에는 반드시 구약 39권 외에 신약이 있어야만 한다. 이와 같이 유대교가 정경으로 한정하고 있는 구약 39권만으로는 구약을 기준으로 해도 모자란다는 사실을 유대교는 솔직히 시인하고 받아들이지 않으면 하나님께서 약속하신 구원(계22:18-19)을 받을 수 없다.

b. 로마 가톨릭의 외경

유대교는 정경에서 모자란 것이 문제인 반면 로마 가톨릭은 신약의 정경은 개신교에서와 같이 27권이므로 문제가 없으나, 구약에서는 유대교나 개신교가 인정하는 39권만의 정경 외에 외경 9권을 더 가지고 있는 것이 문제가 된다.

개신교는 마틴 루터의 종교개혁(1517.10.31)을 통해서 로마 가톨릭으로부터 분리되기 전까지는 없던 종교다. 따라서 기독교의 성경을 보존해온 것은 마틴 루터가 종교개혁을 하기 전까지는 로마 가톨릭뿐이다. 이점이 로마 가톨릭이 개신교에는 없는 외경 9권의 정경성을 주장하는 논리의 유일한 근거다.

로마 가톨릭이 성경에도 없는 '면죄부' 장사를 할 수 있었던 이유는 라틴어 성경만 있었을 뿐 아니라, 평신도는 성경을 전혀 읽을 수 없게 했기 때문이다. 평신도들은 전혀 성경을 읽을 수 없었으므로 얼마든지 '면죄부'에 관한 자기들의 정당성을 자의적으로 해석한 성경의 권위로 강제할 수 있었던 것이다. 이는 마틴 루터가 평신도 누구나 읽을 수 있도록 성경을 독일어로 번역해야 했던 이유이기도 하다. 마틴 루터의 종교개혁의 가장 위대한 업적은 평신도도 자유로이 성경을 읽을 수 있도록 번역한 것이다.

마틴 루터의 종교개혁이 성공할 수 있었던 또 하나의 중요한 요인이 금속활자의 발명과 인쇄술의 발달이다. 이전까지의 필사(筆寫)에만 의존해 왔던 성경의 복사를 대량으로 인쇄하여 보급할 수 있게 된 것이다. 성경이 신문처럼 많은 사람에게 보급되어 읽힘으로써 로마 가톨릭의 비 성경적 교리를 고수하는 것이 더 이상 쉽지 않게 되자, 마틴 루터가 종교개혁을 한지 29년 후에 로마 가톨릭이 '트렌트 종교회의'(1546년)에서 구약의 외경(9권)을 정경으로 받아들이기로 결정한 것이다.

로마 가톨릭도 '트렌트 종교회의' 전까지의 구약은 개신교와 마찬가지로 39권이었다. 더구나 모세로부터 구약성경을 보존해 온 구약의 본래 주인인 유대교가 인정하는 정경도 개신교에서와 완전히 동일한 구약 39권뿐이지 외경 9권은 절대로 정경으로 인정하지 않는다. 하나님의 말씀이 정경의 유대교와 개신교의 구약 39권과 기독교의 신약 27권뿐이다.

c. 구약과 신약

신약은 하나님께서 인간을 구원하시겠다고 약속하신 구약에서의 약속의 성취다. 따라서 신약 정경성의 판단 기준은 구약의 하나님께서 하신 구원의 약속 성취의 문제다. 구약에서의 약속과 상관이 없는 신약이란 있을 수 없는 것이다.

구약성경 전체의 내용이 하나님께서 인간을 구원하시기 위한 약속에 관한 것이지만, 마지막으로 그 핵심을 종합해서 그 성취의 방법을 일목요연하게 예레미야에게 계시하신 것이 "나 여호와가 말하노라. 그러나 그 날 후에 내가 이스라엘 집에 세울 언약은 이러하니 곧 내가 나의 법을 그들의 속에 두며 그 마음에 기록하여 나는 그들의 하나님이 되고 그들은 내 백성이 될 것이라."(렘31:33)이다. 그리고 그 성취의 결과가 "그들이 다시는 각기 이웃과 형제를 가리켜 이르기를 너는 여호와를 알라 하지 아니하리니 이는 작은 자로부터 큰 자까지 다 나를 앎이니라. 내가 그들의 죄악을 사하고 다시는 그 죄를 기억지 아니하리라. 여호와의 말이니라."(렘31:34)이다.

하나님께서 신약에서 인간을 구원하시는 실제적인 방법은

하나님의 법이 가시적인 문자가 아니라 사람의 속에 있고 마음에 기록하시어 심령 속에 있게 된다는 것이다. 하나님의 법이 심령 속에 있고 마음에 기록된 사람이어야 하나님의 백성이 된다. 이렇게 해서 된 하나님의 백성은 지금까지와 같이 하나님께서 특별히 가시적으로 계시하시거나 특별히 하나님께로부터 계시를 받은 사람이 가르쳐주지 않아도 누구나 다 초월자이신 하나님을 알게 된다. 이렇게 된 하나님 백성의 모든 죄를 다 사하시어 기억도 하지 않으신다는 것이다.

하나님께서 인간을 구원하시기 위한 구약의 신약적 성취는 법이고 말씀이신 하나님(요1:1)이 육신의 인간 심령 속에 직접 들어오시는 것이 유일한 방법이다. 따라서 "영접하는 자 곧 그 이름을 믿는 자들에게는 하나님의 자녀가 되는 권세를 주셨으니"(요1:12)의 말씀대로 하나님이 인간의 심령 속에 내주하심으로 구원하시어 하나님 자녀의 권세가 있게 되는 논리의 성경이 아니면 구약에서 약속하신 신약이 아니다.

d. 신약의 외경

회교의 경전인 코란은 성경적으로 많은 문제점들을 지적할 수 있지만 그 중에 가장 핵심적인 요소는 회교의 창시자 모하메드가 하나님이신 알라로부터 직접 받았다는 계시들이 구약의 약속과는 아무 상관이 없다는 사실이다. 몰몬교의 정경인 몰몬경도 회교의 코란의 주장처럼 그 창시자가 하나님으로부터 직접 특별계시를 받아 기록한 것이라는 것이다.

누구나 하나님으로부터 특별계시를 받을 수 있겠지만 그 진정성을 검증할 수 있는 유일한 근거는 기독교의 신약성경이 그 정경성을 변증하는 것과 같이 반드시 구약에서의 약속의 성취가 아니면 안 되는 것이다. 회교의 코란이나 몰몬교의 몰몬경이나 통일교의 원리강론들이 하나님 계시의 말씀일 수 없는 것은 구약의 약속과는 전혀 상관이 없기 때문이다. 그런데 회교나 몰몬교나 통일교 등은 전부 기도교로부터 분파된 기독교의 이단 종교들이다.

그들이 인정하든 하지 않든 기본 바탕은 기독교의 정경인 신구약성경 66권이다. 기독교의 정경은 신구약성경 66권 외에는 더 이상의 하나님의 특별계시는 없다(계22:18-19)고 경고까지 하셨다. 세상에는 기독교의 정경인 신구약성경 66권 외에는 하나님께서 특별히 계시하신 정경은 없다.

e. 성경과 교리

대부분의 그리스도인들은 성경과 교리가 모순되지 않는다고 생각한다. 만일 성경과 교리가 모순되지 않으면 교리가 있는 것이 문제일 수밖에 없다. 교리가 있어야 한다는 것은 교리의 지배하에 성경이 있어야 할 필요가 있다. 특정한 자신들의 교리로 성경을 해석하게 하기 위함이다. 교리로 성경을 지배하게 하기 위함이다. 성경이 지배하는 교리란 실제로는 있을 수 없다.

자칭 기독교라고 하면서 신구약성경 66권 외에 몰몬경이나 통일교강론과 같은 것이 별도로 있어야 하는 것은, 자신들의 교리를 정당화하기 위한 사단적 방법일 뿐 결코 성경적 진리가 아니다.

f. 사도신경(使徒信經)

기독신앙에 있어서 교리의 해악성(害惡性)을 가장 잘 확인할 수 있는 것이 사도신경이다. 많은 그리스도인들이 사도신경을 마땅히 고백해야 하는 기독신앙에 있어서의 성경적 신앙고백으로 오해하고 있지만 사도신경은 '피복음적'인 로마 가톨릭의 교리를 정당화하기 위한 것이지 결코 성경적인 신앙고백이 아니다.

사도신경이란 제목의 문자적 의미는 주님의 직속 제자인 사도들이 이렇게 신앙을 고백했다는 말이다. 이런 제목이 사실이라면 사도신경의 원문은 구약성경의 문자인 히브리어이거나 당시에 사용했던 아람어 또는 사도들이 기록한 신약성경과 같이 헬라어이어야 한다. 그러나 사도신경의 원문은 라틴어이다. 문헌으로 처음 발견된 것은 초대교회 때가 아닌 AD700년이다.

우리나라 성경에는 없는 것이지만 원문에는 '장사하여 지옥으로 보내지셨다가'(He decended into hell)라고 되어있다. 주님께서 십자가에서 죽으신 후 부활하시기까지 3일 간을 지옥에 가 계셨다는 것은 전혀 성경에는 없는 로마 가톨릭적 연옥설(煉獄說)의 교리를 정당화하기 위한 사단적인 속임이다.

뿐만 아니라 성경적으로는 예수를 죽인 책임이 가장 큰 사람은 주님이 빌라도에게 "나를 네게 넘겨준 자의 죄는 더 크니라."(요19:11)라고 직접 지적하셨듯이 유대인이지 빌라도가 아니다. 그런데 사도신경에서는 빌라도만 정죄하고 있다. 이점 때문에 초신자들이 사도신경을 할 때마다 성경과는 달리 빌라도만 정죄하기 때문에 많은 갈등을 한다. 로마 가톨릭이 목적하는 바는 빌라도를 정죄하기 위함이 아니라 마리아를 숭상하게 하기 위한 속임수이다. 마리아와 정 반대의 유대인과 이방인, 여자와 남자, 주님의 출생과 사망의 빌라도를 등장시킨 것이다.

이 외에도 사도신경의 내용은 총체적으로 사기다. 사도신경으로 신앙고백을 하지 않으면 이단이 아니라 사도신경적 신앙은 성경적으로 이단이다. 세계 최대의 기독교 교단인 미국 남침례교회에서는 사도신경은 절대 하지 않는다. 미국 남침례교회가 이단이라고 당당하게 공개적으로 직접 선포하지 못하면서 사도신경으로 신앙고백을 하지 않으면 이단이라는 주장을 하는 것은 신앙적 양심이 아니다.

2) 종교와 신앙

기독교가 종교냐 신앙이냐를 분별하여 정립하는 문제는 매우 중요하다. 기독교가 성경적 기독교가 되지 못하는 가장 중요한 이유 중 하나가 교회가 종교와 신앙을 성경적으로 올바로 정립하지 못하고 있기 때문이다.

a. 유대교

성경에서 "우리는 본래 유대인이요 이방 죄인이 아니로되"(갈2:15)라고 말씀하심 같이 유대교는 무신이나 잡신의 우상을 섬기는 이방 죄인으로부터 차별화를 이루는 종교다. 이점은 유대교뿐 아니라 회교나 기독교와 같은 다른 유일신 종교에 있어서도 동일하다. 그래서 회교나 기독교는 항상 유일신을 믿지 않는 이방인의 전도에 진력하고 있다.

b. 기독교

기독교는 유대교와 같이 이방으로부터 구별되는 종교가 아닙니다. 기독교는 유대교와의 차별을 이루어야하는 종교인 것이다. 이점을 성경적으로 명백하게 정립하지 못하면 기독교는 여전히 이방으로부터 구별되기 위한 유대교에 머무르고 있는 것이 된다. 기독교가 아닌 것이다.

이렇게 기독교는 유대교로부터 차별을 이루어야하기 때문에 주님께서도 제자들을 파송하시면서 "이방인의 길로도 가지 말고 사마리아인의 고을에도 들어가지 말고 차라리 이스라엘 집의 잃어버린 양에게로 가라."(마10:5-6)라고 하신 것이다. 이런 이유 때문에 주님 자신께서도 "나는 이스라엘 집의 잃어버린 양 외에는 다른 데로 보내심을 받지 아니하였노라."(마15:24)라고 하신 것이지 주님이 편협한 민족주의자이기 때문이 아니다.

이러함에도 불구하고 기독교가 여전히 이방인 전도에 치중하고 있는 것은 "베드로에게 역사하사 그를 할례자의 사도로 삼으신 이가 또한 내게 역사하사 나를 이방인에게 사도로 삼으셨느니라."(갈2:8)의 말씀처럼 이방인의 사도인 바울의 전도에 관한 잘못된 해석에서 비롯된 것일 수 있다. 분명 바울은 이방인의 사도이고 또 이방 지역에서 전도사역을 했다.

그러나 사도 바울이 전도사역을 했던 사도행전상의 지역은 이방 땅이었지만 그 대상은 항상 회당에서의 유대인이었지 이방인이 아니다. 이러한 성경적 의미는 기독교 전도의 대상은 육적으로는 이방인일지라도 종교적으로는 이미 유대교인이 되어 있는 이방인이라는 것이다.

복음서에서의 주님은 공생애 중에 항상 유대인들과만 '안식일 계명'으로 대표되는 종교적 논쟁을 하셨지 단 한번도 이방인과 하신 경우가 없다. 서신서의 주제도 거의 대부분 "너희가 만일 할례를 받으면 그리스도께서 너희에게 아무 유익이 없으리라"(갈5:2)라고 하신 말씀처럼 유대교의 '할례'로 대표되는 율법으로부터의 차별의 문제이지 이방인으로부터의 차별이 아니다. 이와 같이 기독교는 유대교로부터의 차별화를 이루는 것이지 이방인으로부터의 차별이 아니다.

c. 종교와 신앙

무엇이든지 분별을 하려면 명확한 기준이 있어야 한다. 기준이 없는 분별은 분별일 수 없다. 종교와 신앙을 분별하는 기준은 신이 실제로 있느냐 없느냐의 문제다. 자신의 신앙에 신이 없으면 아무리 창조주 하나님을 믿고 예수 그리스도를 믿는다고 확신하고 있어도 그것은 종교일 뿐 신앙이 아니다. 자신은 신이 있는 것으로 확신하고 있어도 실제로는 없다는 뜻이다. 신이 아닌 것을 신으로 믿고 있다는 뜻이다.

일본에는 신이 800만개나 있다고 한다. 그 중에는 교통순경에게 딱지를 떼지 않게 하는 신도 있다. 이 신은 자동차나 교통순경이 없었다면 존재할 수 없는 신이다. 사람이 만든 신인 것이다. 당연히 사람이 만든 신에게 있어서의 창조주는 사람이다. 사람은 교통순경에게 딱지를 떼지 않으려는 자신의 목적을 이루기 위한 수단으로 신을 만들었다. 마찬가지로 하나님이 사람을 창조하신 것은 하나님의 목적을 이루기 위해서는 사람이 수단으로 필요하시기 때문이다.(골1:16)

인간행위의 모든 요소가 하나님의 목적을 이루기 위한 수단이면 그것은 신앙이지만 인간의 목적을 이루기 위해 존재하는 신이라면, 그런 신은 존재할 수 없는 신이다. 어떤 경우에도 인간의 목적을 이루어주기 위해 존재하는 신이란 있을 수 없다. 신은 항상 신의 목적을 이루기 위해 존재하고 역사한다. 아무리 창조주인 유일신을 믿어도 인간의 목적을 이루기 위한 신이라면 실제로는 그 신은 우상일 뿐 신이 아니다. 신이 없는 종교일 뿐 신이 있는 신앙이 아닌 것이다.

3) 유일신 신앙

성경에서 인간에게 요구하는 것이 무려 36,500여 가지나 된다고 한다. 또 신구약성경 전체의 내용이 너무 복잡하고 다양하여 이를 일목요연하게 정리한다는 것은 가능하지 않다고 생각하는 것이 일반적이다.

a. 실제적 분별

어떤 경우든지 실제적 사실은 항상 하나뿐이다. 따라서 구체적인 하나까지를 분별하지 못하면 실제가 아니다. 포괄적으로 이해하는 것은 관념의 범주에 머물러 있는 것일 뿐 실제가 아니다. 성경적 구원론에 있어서도 예수의 보혈로 죄 사함을 받는 문제(마26:28)와 물과 성령으로 거듭나는 문제(요3:5) 중 유일한 조건을 분별해야만 하며 둘이 양립하는 구원론은 성경적 실제가 아니다. 하나님을 믿는 실제적인 믿음도 "너희에게는 머리털까지 다 세신 바 되었나니"(마10:30)라고 하심 같이 세상만사를 다 아시고 하실 수 있는 전지전능하신 유일신까지를 분별해야 한다. 다른 일을 제 각기 행하는 신들은 그 수가 많은 군대(막5:9)인 마귀인 것이다.

마귀에게 미혹을 받는 것은 관념과 실제를 분별하지 못하고 관념을 실제로 착각하기 때문이다. 관념과 실제를 명확히 구별하고 있는 사람은 마귀가 미혹하지 못한다. 하나님께서는 "동산 각종 나무의 실과는 네가 임의로 먹되 선악을 알게 하는 나무의 실과는 먹지 말라."(창2:16-17)라고 하심 같이 구체적으로 선악과를 지목하여 따먹지 말라고 하신 것을 마귀는 "뱀이 여자에게 물어 가로되 하나님이 참으로 너희더러 동산 모든 나무의 실과를 먹지 말라 하시더냐."(창3:1)라고 하여 유일의 실제적인 진리를 포함시키면서 포괄적 개념으로 미혹한다. 이것이 관념을 실제로 착각하게 하여 미혹하는 마귀의 수법이다.

기독신앙은 관념과 실제와의 전쟁이다. 말씀이 육신이 되신 것(요1:14)이 기독신앙이다. 성경적인 사실들은 물론 어떤 일반적인 것에서도 유일의 절대까지를 분별하지 못하면 항상 마귀의 지배하에 있는 것임을 잊지 말아야 한다. 기독신앙에 있어서 가장 경계해야 할 문제는 관념적으로 믿고 있는 것을 실제로 착각하는 것이다. 영적 신앙은 절대로 관념이 아니다. 실제다. 신을 찬양과 경배의 대상으로만 믿는 것이 종교이고 실제로 기도의 대상으로 믿는 것이 신앙이다.

b. 제1원인

하나뿐인 실제를 분별해야 한다는 것은 첫 번째를 분별해야 한다는 의미다. 제일 첫 번째를 분별하지 못하는 분별은 전혀 분별이 아니다. 첫째를 제외한 두 번째 이하를 아무리 많이 안다고 해도 그것은 아는 것일 수 없다. 항상 첫 번째를 생각하고 분별하지 않으면 실제로는 아직 분별한 것이 아니다. 무엇이든 첫 번째가 실제이고, 본질이고, 전부다.

마귀가 첫 번째를 분별하지 못하게 하는 술책은 첫 번째를 제외한 많은 것을 알게 하는 것이다. 그 대표적인 경우가 진화론이다. 진화론은 첫 번째 원인인 제1원인만 제외하면 완전한 과학일 수도 있다. 그러나 첫 번째인 제1원인을 제외한 어떤 논리도 과학적 논리일 수 없다. 진화론이 과학이기 위해서는 최소한 제1원인의 논리인 창조론이 전제되어야만 가능하다.

c. 유일신 신앙

성경의 원 저자이신 하나님의 시각에서 분별한 성경의 내용이나 요구는 단 하나뿐이다. 그러나 인본적 시각에서 본 성경의 요구나 내용은 36,500여 가지로 복잡하다.

성경 전체가 계시하고 요구하는 것은 오직 하나 "너는 나 외에는 다른 신들을 네게 있게 말지니라."(출20:3)의 '제1계명'뿐이다. '제1계명'이 전부다. 그러나 제1계명을 실제적으로 올바로 분별해서 알지 못하면 '제1계명'은 10계명 중의 하나일 뿐이다.

말로는 온 우주 만물을 창조하신 전지전능하신 유일신 하나님이라고 하면서도 실제로는 관념에만 머물러있는 하나님이어서 문제인 것이지 실제로 도깨비 방망이를 갖고 있듯이 전지전능하신 하나님이 물리적 실제로만 믿어진다면, 그 하나님이 나와 함께 하시면 다른 무엇이 더 필요한가?

전지전능하신 하나님을 믿는다고 하면서도 실제로는 그 하나님이 관념에만 머물러 있기 때문에 '제1계명'을 범하는 것이지, 하나님이 물리적 실제로 믿어지는 사람은 어떤 경우에서도 '제1계명'을 범할 수 없다. 하나님이 실제로 함께하고 계신 사람이 우상을 만들거나 살인할 리가 없다. 나머지 9계명이 있는 것은 인간은 하나님을 관념으로만 믿는 존재이기 때문이다.

유일신 신앙에서 가장 심각한 문제는 '제1계명'을 전혀 지키지 않는 것이 아니라 관념적으로 지키고 있는 것을 실제인 것으로 착각하는 것이다. 유신종교들의 유일한 실제적인 과제는 "너희는 먼저 그의 나라와 그의 의를 구하라. 그리하면 이 모든 것을 너희에게 더하시리라."(마6:33)의 말씀대로 어떻게 하면 전지전능하신 하나님이 함께하심을 실제로 믿느냐의 문제일 뿐 10계명을 지키느냐의 문제가 아니다. 전능하신 하나님이 물리적으로 함께하신다는 사실을 실제로 믿지 못하는 것은 유일신 신앙이 아니다.

d. 기초가 절대다

질서의 하나님은 세상 모든 것들의 유일의 절대 요소가 기초에 있게 창조하셨다. 기초가 절대다. 나무는 뿌리가 가장 중요하고 공부나 운동을 해도 기초가 절대다. 아무리 건물을 튼튼하게 잘 지어도 기초가 부실하면 아무 소용이 없는 사상누각(砂上樓閣)(마7:24-27)이다.

기초는 쉽다는 말이지 어렵다는 말이 아니다. 하지만 기초가 안고 있는 가장 중요한 사실은 어떤 경우든 기초는 한 번 잘못되면 수정이 전혀 가능하지 않다는 점이다. 기초공사가 잘못된 건물은 반드시 기초까지 헐고 다시 지어야지 그대로 두고 부분적으로 수정할 방법이 전혀 없다.

예수를 믿는다는 것은 구원을 받아 자신의 신분이 신본적인 하나님의 자녀(요1:12)로 다시 태어나(고후5:17)서 그리스도의 장성한 분량(엡4:13)이 충만한 데까지 성숙하는 것이다. 인간이 하나님의 자녀가 되어 하나님이신 그리스도의 장성한 분량이 충분한 데까지 성숙하게 되는 것은 하나님만 하실 수 있는 것이다. 즉 사람이 자신의 의지적 결단이나 인본적인 노력과 훈련으로 육신의 예수의 삶을 닮기 위한 제자훈련으로 되는 것이 절대 아닌 것이다.

  종교는 자신의 의지적인 결단과 종교적 훈련으로 자신을 거룩한 인간으로 쌓아올리는 것인 것에 반해 신앙은 하나님이 자신을 신본적으로 양육하시게 하기 위해 지금까지 종교적으로 쌓아놓은 인본적 자아를 하나님께서 기초공사를 다시 하실 수 있게 밑바닥까지 헐어버리는 것이다. 이렇게 종교와 신앙은 정 반대이다. 그래서 주님께서도 신앙의 기초공사를 위해서 "아무든지 나를 따라 오려거든 자기를 부인하고 자기 십자가를 지고 나를 좇을 것이니라."(마16:24)라고 하신 것이다. 완전히 자기를 헐지 않으면 누구도 하나님의 자녀로 거듭날 수 없다.

  종교는 육신이 살려는 훈련이고 신앙은 육신을 포기하여 죽는 과정이다.

2장
기독신앙의 기초들

세상의 모든 경우가 그렇듯 기독신앙에 있어서도 기초가 가장 중요한 절대적인 근본적 요소다. 유일의 기초를 분별하여 정립하지 못하고서는 그 위에 쌓아올린 신앙이 건전할 수 없다.

1) 기독교의 기초

교회마다 새 신자들을 위한 교육 프로그램들이 있다. 그런데 대부분의 새 신자 교육은 신앙의 기초가 아닌 오히려 헐어버려야 할, 행위적인 교회생활에 적응하기 위한 것들이다.

a. 교회에 왜 다닙니까?

기독신앙은 일반적으로 교회에 출석함으로써 시작된다. 하지만 새신자의 신앙의 출발이 평생의 신앙에 가장 중요한 때이기 때문에 이런 새 신자에게 막연히 교회만 다니면 된다는 생각을 하게해서는 안 된다. 새 신자 교육은 반드시 '교회에 다니는 가장 기초이고 절대이며 근본의 유일한 이유가 무엇이냐'의 본질적 요소를 정립하는 하는 것에서부터 출발하지 않으면 안 된다.

교회에 다니는 가장 본질적인 유일한 이유는 오직 예수를 믿기 위함이어야지 다른 어떤 다른 이유가 있어서는 안 된다. '오직 예수'만이 목적이어야 한다. 천국구원을 얻기 위해서 교회에 다녀서도 안 된다. 교회라는 단어(마16:13-20)는 예수가 없었다면 존재할 수 없는 단어다.

다른 날에도 항상 그랬으면 좋겠지만, 최소한 주일에 교회에 올 때라도 자신의 마음속에는 예수만 있어야 그리스도인이다. 기독신앙은 '오직 예수'만을 믿는(요3:16) 것이 전부다. 자신의 마음속에 예수가 없는 사람은 그리스도인이 아니다.

b. 예수를 왜 믿습니까?

기독신앙은 '오직 예수'만을 믿는 것이기 때문에 왜 예수만을 믿어야 하는지의 절대이고 근본이며 본질적인 유일한 이유가 분명해야 한다. 예수를 믿는 유일한 이유는 "주는 그리스도시요 살아계신 하나님의 아들이시니이다."(마16:16)라는 베드로의 고백대로 예수 그리스도께서 하나님이시기 때문이다.

예수가 하나님이 아니면 예수를 믿을 이유가 없다. 예수가 하나님이 아니면 그가 십자가의 죽음으로 내 죄를 사했다는 "이것은 죄 사함을 얻게 하려고 많은 사람을 위하여 흘리는 바 나의 피 곧 언약의 피니라."(마26:28)라고 하신 것은 성립할 수도 없다. 기독신앙에서 모든 요소의 근본은 예수가 하나님이라는 전제 아래서만 성립할 수 있다.

예수가 하나님이 아니면 어떤 기독신앙적 요소들도 성립할 수 없다. 어떤 누구도 예수 그리스도께서 하나님이심이 믿어지지 않는 사람은 그리스도인이 아니다.

c. 예수가 왜 하나님인가?

기독신앙의 기초란 성경도 전혀 모르고 교회에도 다녀본 적이 없는 불신자들에게 할 수 있는 답이어야 한다. 기성 신자 간에 이해할 수 있는 수준이어서는 안 되는 것이다. 이런 불신자에게 있어서 가장 어려운 문제 중의 하나가 예수가 하나님이라는 사실을 그들 자신이 합리적으로 이해하여 받아들이게 하는 문제이다. 그뿐만 아니라 이는 자기 자신의 문제이기도 하다. 당신은 예수 그리스도께서 하나님이시라는 사실이 실제로 믿어집니까?

불신자들이 알고 있는 예수는 석가와 공자 그리고 소크라테스와 함께 인류 역사상에 있었던 사대 성인 중의 한 분으로는 믿지만 하나님으로는 믿지 않는다. 따라서 불신자와 그리스도인과의 구별 기준은 예수를 4대성인 중의 한 분으로 믿느냐 아니면 하나님으로 믿느냐의 차이일 것이다.

사람들이 어떤 사람을 성인으로 인정하는 데는 그분들의 훌륭한 조건들이 있다. 그러나 모든 조건들을 다 충족시켰을지라도 가장 절대적인 조건인 진실성에 하자가 있는 사람은 성인일 수 없다. 예수가 사대 성인의 한 분으로 인정되고 있는 것은 예수는 진실성에 있어서는 전혀 하자가 없는 자타가 동의하는 사람이라는 의미일 것이다.

이렇게 자타가 인정하는 진실성에 하자가 없으신 예수는 자신이 하나님이라는 사실을 그의 공생애 동안 수도 없이 언급하셨을 뿐 아니라, 예수를 죽인 죄목도 "빌라도가 패를 써서 십자가 위에 붙이니 나사렛 예수 유대인의 왕이라."(요19:19)와 같이 자신이 하나님이라고 하셨기 때문이다. 진실성에 하자가 없으신 분이 자신이 하나님이라고 하셨다면 그분은 하나님이시다. 예수님을 4대성인의 한 분으로 인정한다면 그분은 틀림없이 하나님이다.

d. 하나님을 왜 믿습니까?

하나님을 믿는 이유가 분명하지 않은 사람은 하나님을 믿고 있지 않거나 잘못 믿고 있는 것이다. 하나님을 믿는 본질이자 유일의 이유는 전능하시기 때문이어야 한다. 하나님의 모든 속성은 전능하시기 때문에 성립하는 것이다. 전능성을 제외하고는 하나님의 어떤 다른 속성도 성립할 수 없다. 전능자가 선하고 의롭지 않을 수 없고, 사랑과 긍휼이 없을 수 없다. 하나님의 다른 모든 속성의 원천은 오직 전능성이다.

하나님의 전능성을 계시하고 있는 가장 완전한 객관적 증거는 6일 동안에 온 우주 만물을 창조하시어(창1:1-31) 존재케 하신 것이다. 그러나 인간이 알고 이해하는 하나님의 '전능성'의 개념은 단어뿐이지 실제로는 상상하기도 불가능한 신비다. 하나님에 의해 피조된 수천억 광년의 광활한 우주와 항성은 물론 모든 생명에 관해서도 여전히 인간에게는 신비이다. 이해할 수 있는 범주에 속한 것이 아닌 것이다.

가시적 결과만이 기준인 인간으로서 이렇듯 보이는 것들도 알지 못하면서 이를 설계하시고 창조하신 보이지 않는 창조주 하나님의 전능성을 실제로 안다는 것은 불가능하다. 인간이 하나님의 전능성을 실제로 알 수 있는 유일한 길은 첫째 하나님이 인간에게 직접 계시해주시지 않으면 불가능한 것이고, 둘째 그렇기 때문에 하나님이 계시해주신 범위 내에서만 인간이 알 수 있는 것이다. 그 이상은 전혀 알 수 없는 것이다.

2) 성경적 믿음

그리스도인에게 있어서의 믿음은 생명보다 더 귀한 것이다.

기독신앙에 있어서 '오직 믿음'이란 의미는 믿음 이외의 모든 것은 배제한다는 말이다. 그래서 믿음을 성경적으로 올바로 정립하는 일은 중요할 수밖에 없다. 그러나 불행히도 기독교가 '오직 믿음'을 강조하고 있으면서도 실제로는 믿음론을 성경적으로 정립하지 못하고 맹신의 범주에 머물러 있는 것이 현실이다.

a. 객관적 믿음

손에 들고 있던 유리잔을 놓으면 떨어진다는 것을 의심할 사람은 아무도 없다. 1,000만 번을 반복해도 예외 없이 1,000만 번 다 떨어질 것을 확신한다. 어떻게 이런 확실한 믿음이 생겼을까? 그것은 수도 없이 떨어지는 것을 반복해서 경험한 객관적 결과에 대한 믿음이다. 이러한 '객관적 믿음'은 파브르의 조건반사적인 동물적 믿음이다.

성경을 반복해서 많이 읽고 암송하면 성경과 성경의 기록들이 사실로 믿어진다. 교회생활을 열심히 하고 교회의 여러 종교 활동을 반복하면 구원이 믿어진다. 그래서 유대교나 회교는 물론 기독교도 예배와 기도를 비롯한 종교적인 여러 가지 봉사활동 등을 신앙의 중요한 요소로 가르치고 훈련시킨다. 그러나 이런 결과로 생긴 믿음은 '객관적 믿음'이라는 사실을 잊지 말아야 한다.

기독신앙에 있어서 모태신앙자가 영적으로는 구원 받기가 쉽지 않다는 점은 많이 인식하고 있는 문제다. 그러나 그 이유를 성경적으로 정확히 규명하지 못하고 고민만 하고 있다. 모태신앙은 어려서부터 반복해온 종교적인 행위의 결과로 형성된 '객관적 믿음'에서 벗어나기가 어렵다. 어려운 점은 이러한 '객관적 믿음'도 신앙적으로 필요한 초기의 믿음이기는 하지만 성경이 요구하는 구원을 받는 충분한 믿음은 못 된다는 것이다.

b. 주관적 믿음

인간으로서는 상상도 할 수 없는 초월적인 하나님과 하나님의 전능성의 실제는 하나님이 계시해서 알려주시지 않으면 인간은 전혀 알 수 없다. 성경의 증거로는 하나님은 아무에게나 계시하여 알려주시는 것이 아니다. 하나님을 실제로 믿는 사람에게만 계시하여주신다. 그래서 주님께서도 "네 믿은 대로 될지어다."(마8:13)라고 하신 것이다.

기독신앙에 있어서의 믿음은 인간이 하나님을 믿는 대로 하나님이 가르쳐주시는 '주관적 믿음'이기 때문에 사람마다의 믿음이 각기 다른 것이다. 믿음이 같으면 그것은 종교적인 객관적 믿음이지 영적인 '주관적 믿음'이 아니다. 기독신앙의 믿음훈련은 하나님이 계시해주신대로 각기 자기의 고유한 믿음을 찾게 하는 것이어야 하는 것으로 목사의 믿음을 본받는 것이 아니다. 모든 사람의 각기 다른 '주관적 믿음'을 인정해야 기독신앙의 영적 믿음이다.

c. 인격적 믿음

믿음의 대상이 사건이나 사물이냐 또는 살아있는 인격체냐에 따라 믿음의 내용이 정 반대가 된다. 믿음의 대상이 사건이나 사물의 경우는 자기 확신의 '객관적 믿음'일 수밖에 없지만, 인격체를 믿는다는 것은 자기 확신이 아니라 오히려 '자기 부인의 믿음'이어야 한다. 우리나라 속담에 효(孝)란 '아버지가 소금가마를 물로 끌라고 해도 끄는 것'이라고 했다. 자신의 이성대로라면 소금가마를 물로 끌어서는 안 되지만 자신보다 아버지의 인격을 더 신뢰하는 '자기 부인의 믿음'으로 소금가마를 물로 끈다는 것이다.

기독신앙에 있어서 구원의 '오직 믿음'이 예수의 십자가 사건이나 보혈을 믿는 믿음(마26:28)이면 자기 확신의 '객관적 믿음'이어야 할 것이지만, 살아계신 인격체인 예수 그리스도를 믿는 믿음(요3:16)이라면 '자기 부인의 믿음'(마16:24)이어야 할 것이다. 신약에서뿐 아니라 구약에서도 자기를 의심하지 않고 자기 확신에 잡혀서 자신을 고집하는 애굽의 바로왕과 같은 사람들을 "목이 곧고 마음과 귀에 할례를 받지 못한 사람들아 너희가 항상 성령을 거스려 너희 조상과 같이 너희도 하는도다."(행7:51)라고 하시는 것이다.

d. 믿음=영접

성경이 요구하는 '오직 믿음'은 '인격적 믿음' 까지만이 아니다. 성경은 기독신앙의 믿음을 "영접하는 자 곧 그 이름을 믿는 자들에게는 하나님의 자녀가 되는 권세를 주셨으니"(요1:12)라고 했다. 주님을 영접하는 것과 그 이름을 믿는 것이 같다는 말씀이다. 즉 '주님을 영접하는 자=그 이름을 믿는 자'이다.

주님을 영접하는 행위가 곧 믿음이라는 말씀이다. 믿음이 형태적 개념만이 아니라 물리적인 행위개념이라는 말씀이다. 그래서 기독신앙의 믿음은 "너희가 만일 믿음이 한 겨자씨만큼만 있으면 이 산을 명하여 여기서 저기로 옮기라 하여도 옮길 것이요 또 너희가 못할 것이 없으리라."(마17:20)라고 하여 믿음을 물리적 실체인 겨자씨와 능력으로 말씀하는 것이다.

기독신앙에 있어서의 믿음은 의심의 반대로서의 정적 개념의 '객관적인 믿음'이 아니라 역동적인 능력으로서의 물리적인 믿음이다. 이렇게 기독신앙에 있어서의 믿음이 물리적인 능력이라는 사실을 성경은 "행함이 없는 믿음은 그 자체가 죽은 것이라."(약2:17)라고 말씀하시는 것이다. '믿음=영접'이다.

3) 예수 그리스도

예수 그리스도를 믿는 것이 기독교다. 그러므로 기독교에 있어서 예수 그리스도를 성경적으로 올바로 아는 것은 절대로 중요하다. 그래서 기독교에 있어서의 구원은 예수 그리스도를 믿는 문제(요3:16)뿐 아니라 "영생은 곧 유일하신 참 하나님과 그의 보내신 자 예수 그리스도를 아는 것이니이다."(요17:3)라고 하심 같이 예수 그리스도를 아는 것이 절대적이라고 말씀하시는 것이다. 알지도 못하는 사람을 신뢰한다는 것은 정상적인 사람이 아니다.

그러나 불행히도 '오직 예수'라고 말하고 있는 전 세계의 기독교는 성경적인 예수 그리스도를 전혀 알지 못하고 있다. 기독교가 알고 믿고 있는 예수 그리스도는 성경적인 예수 그리스도가 전혀 아니다. 자신들이 믿고 싶은 대로 예수 그리스도를 만들어서 믿고 있는 예수 우상이지, 절대로 성경적 예수 그리스도가 아니다. 더 심각한 것은 이런 상태임에도 불구하고 자신들이 믿고 있는 예수 그리스도가 성경적으로 전혀 모순이 없다고 확신하고 있다는 점이다.

a. 신인(神人) 예수 그리스도

예수 그리스도는 하나님이 육신의 인간을 구원하시기 위해 육신을 입고 성육신(成肉身)하여 인간으로 오신 완전한 하나님이면서 동시에 완전한 인간이다. 그는 처녀에게 "천사가 대답하여 가로되 성령이 네게 임하시고 지극히 높으신 이의 능력이 너를 덮으시리니 이러므로 나실 바 거룩한 자는 하나님의 아들이라 일컬으리라."(눅1:35)라고 하신대로 성령으로 잉태되시어 태어나셨다.

신인 예수 그리스도의 정체성에 관한 문제의 핵심은 완전하신 하나님과 완전한 인간이라는 의미가 육체 자체가 하나님인 단일체(單一體)로서의 성육신(聖肉身)하신 성자(聖子) 하나님 예수냐, 육체는 우리 모든 사람과 같고 하나님은 육체와는 별개로 육신 안에 거하고 계신 영의 이중체(二重體)냐의 문제다. 단일체 성자(聖子) 하나님 예수라면 육체 자체가 하나님이라는 의미이고, 이중체라면 육체는 마리아의 아들이고 영만 하나님이 되는 것이다.

b. 예수

예수는 히브리어 '여호수아'의 헬라적 발음이다. 그 의미는 성경이 증거하는 대로 "아들을 낳으리니 이름을 예수라 하라 이는 그가 자기 백성을 저희 죄에서 구원할 자이심이라."(마1:21)라는 말씀대로 '자기 백성을 죄에서 구원할 자'이다. 그래서 예수는 모든 사람의 죄를 대속하기 위해 십자가에서 피 흘려(마26:28) 죽으셨다.

육신의 예수가 하나님이면 하나님은 죽을 수 있는 하나님이어야 한다. 죽을 수 있는 하나님은 '알파와 오메가'(계1:8)도, '변함이 없는 분'(약1:17)도, '진리'(요14:6)도, '영원한 분'(고후4:18)도 아니다. 시간과 공간을 초월하시어 존재하는 하나님은 한 순간만이라도 죽고 싶으셔도, 죽으실 수 없는 존재다.

c. 그리스도

그리스도는 히브리어 '기름을 붓다'인 '메시아'를 헬라어로 번역한 것이다. 구약성경에서 하나님께서 직무를 위임하시는 제사장(출28:41)과 선지자(왕상19:16)와 왕(삼상16:1)의 세 부류의 사람에게 기름을 부으라고 하셨다. 원어적으로만 보면 이 세 부류의 사람들은 다 '메시아'즉 '그리스도'이다.

어떤 사람이든지 기름부음을 받은 사실이 없으면 그리스도가 아니다. 예수 그리스도가 하나님이라는 말은 "주는 그리스도시요 살아계신 하나님의 아들이시니이다."(마16:16)라고 말씀한 것에서 알 수 있듯이 '그리스도'가 하나님이라는 말이지 '예수'가 하나님이라는 말이 아니다. 사람에게 부은 기름이 하나님이라는 말이지 기름부음을 받은 육신이 하나님이라는 말이 아니다. 육신의 제사장이나 선지자나 왕이 기름부음을 받았다고 그들의 육신이 하나님으로 변한 게 아니다.

d. 메시아 대망사상(待望思想)

하나님께서 다윗에게 "네 집과 네 나라가 내 앞에서 영원히 보전되고 네 위가 영원히 견고하리라."(삼하7:16)라고 약속하셨다. 하나님의 약속대로 북왕국 이스라엘은 앗수르에게 멸망당하기 전까지도 왕조가 여러 번 바뀌었지만 남왕국 유다는 다윗 왕조가 끊이지 않고 계승됐다. 그래서 유대인들은 다윗 왕조가 영원히 견고하리라는 하나님의 약속이 실제로 육신의 세계에서 계속될 것으로 믿었다.

유대인들은 유다왕국이 멸망하기 전까지는 비록 하나님께서는 육적인 다윗 왕조가 아니라 "한 아기가 우리에게 났고 한 아들을 우리에게 주신바 되었는데 그 어깨에는 정사를 메었고 그 이름은 기묘자라, 모사라, 전능하신 하나님이라, 영존하시는 아버지라, 평강의 왕이라 할 것임이라. 그 정사와 평강의 더함이 무궁하며 또 다윗의 위에 앉아서 그 나라를 굳게 세우고 지금 이후 영원토록 공평과 정의로 그것을 보존하실 것이라. 만군의 여호와의 열심이 이를 이루시리라."(사9:6-7)라고 신인(神人)메시아와 그의 왕국을 약속하셨지만 이를 성경대로 깨닫지 못하고 육적인 다윗왕조가 영원히 계승될 것으로 믿고 있었다.

그러다가 유다가 완전히 멸망하여 하나님의 성전이 훼파되고 왕과 백성이 바벨론에 포로로 끌려간 다음에서야 하나님께서 다윗에게 하신 약속이 육신의 다윗이 아니라는 사실을 바로 깨닫게 되었다. 그제야 하나님께서 약속하신 구세주가 신인(神人) 메시아라는 것을 성경적으로 정립하기에 이르렀다. 이렇게 하여 정립된 것이 유대인의 '메시아 대망사상'이다.

e. 신인(神人) 메시아 신학

메시아의 의미를 문자적이고 율법적인 기름을 붓는 행위로만 이해하다가 바벨론 포로시절에서야 비로소 그 영적인 실제가 "사무엘이 기름뿔을 취하여 그 형제 중에서 그에게 부었더니 이 날 이후로 다윗이 여호와의 신에게 크게 감동되니라."(삼상16:13)라고 하심과 같이 여호와의 신이 강림하신 신인 메시아 신학을 성경적으로 정립하게 된 것이다. 하나님의 기름부음의 신인 메시아는 "이새의 줄기에서 한 싹이 나며 그 뿌리에서 한 가지가 나서 결실할 것이요 여호와의 신 곧 지혜와 총명의 신이요 모략과 재능의 신이요 지식과 여호와를 경외하는 신이 그 위에 강림하시리니"(사11:1-2)의 말씀과 같이 육신의 인간에 하나님의 신이 강림하신 것이다.

이러한 구약의 메시아 약속에 대한 예수 그리스도에 의한 신약의 성취가 "예수께서 침례를 받으시고 곧 물에서 올라오실새 하늘이 열리고 하나님의 성령이 비둘기 같이 내려 자기 위에 임하심을 보시더니 하늘로서 소리가 있어 말씀하시되 이는 내 사랑하는 아들이요 내 기뻐하는 자라 하시니라."(마3:16-17)인 것이다. 육신의 예수에 이사야의 예언(서11:1-2)과 같이 성령이 강림하셨다는 말씀이다.

f. 메시아 대망

신인 메시아에 의해서 "그가 여호와를 경외함으로 즐거움을 삼을 것이며 그 눈에 보이는 대로 판단치 아니하며 귀에 들리는 대로 판단치 아니하며 공의로 빈핍한 자를 심판하며 정직으로 세상의 겸손한 자를 판단할 것이며 그 입의 막대기로 세상을 치며 입술의 기운으로 악인을 죽일 것이며 공의로 그 허리띠를 삼으며 성실로 몸의 띠를 삼으리라."(사11:3-5)라고 하심 같이 완전한 통치자에 의해서 이스라엘의 완전한 왕국을 세운다는 것이 메시아 대망사상이다. 지금도 유대인들은 통곡의 벽으로 일컬어지는 예루살렘의 서쪽 벽에서 메시아의 도래와 구원으로 육적인 완전한 다윗 왕국으로서의 유토피아가 도래할 것을 위해 기도하고 있다.

구약에서의 메시아 대망사상의 약속(사61:1-3)에 대한 예수 그리스도에 의한 신약의 성취가 "주의 성령이 내게 임하셨으니 이는 가난한 자에게 복음을 전하게 하시려고 내게 기름을 부으시고 나를 보내사 포로 된 자에게 자유를, 눈먼 자에게 다시 보게 함을 전파하며 눌린 자를 자유케 하고 주의 은혜의 해를 전파하게 하려 하심이라."(눅4:18-19)이다. 이러한 예수 그리스도에 의한 구원의 기독교적 해석도 유대교의 메시아 대망사상적 구원을 비판하면서도 그 한계를 벗어나지 못한 육신과 세상을 위한 종교적 구원으로 이해하는 사람들이 많다.

g. 마리아의 아들 예수

예수 그리스도는 "처녀가 잉태하여 아들을 낳을 것이요 그 이름을 임마누엘이라 하리라."(사7:14)의 약속대로 "천사가 대답하여 가로되 성령이 네게 임하시고 지극히 높으신 이의 능력이 너를 덮으시리니 이러므로 나실 바 거룩한 자는 하나님의 아들이라 일컬으리라."(눅1:35)라고 하심 같이 동정녀 마리아에게 성령으로 잉태되어 태어나셨다. 이렇게 성경적 예수 그리스도는 마리아가 잉태하여 출산했으므로 마리아의 아들 예수이면서 동시에 '거룩한 자' 는 하나님의 아들인 그리스도이시다.

만일 마리아가 잉태하여 출산한 예수의 육신이 하나님이시면 마리아는 아들 하나님인 성자(聖子)의 어머니이므로 어머니 하나님 성모(聖母)이어야 하고, 그렇다면 성모 마리아는 성자 하나님인 예수를 낳은 창조주이고 성자 예수는 성모에 의해 피조된 피조물 하나님이어야 한다. 그러므로 육신 예수가 하나님이면 성부, 성모, 성자, 성령의 사위일체이어야 한다. 성부, 성자, 성령의 삼위일체이어서는 안 되는 것이다.

예수 그리스도께서 성령으로 잉태되셨다는 것은 남녀의 육적관계에서가 아니라 전능하신 성령의 능력으로 처녀에게 육신의 예수가 잉태되었다는 초월적인 능력에 초점이 있는 것이다. 즉 육신이 하나님으로 잉태되셨다는 의미가 아니다. 인간에게 잉태되고 태어나 성장하고 십자가에서 죽은 육신의 예수는, 절대로 진리이고 불변이신 하나님일 수 없다.

h. 하나님의 아들 그리스도

하나님의 아들인 그리스도는 "아비도 없고 어미도 없고 족보도 없고 시작한 날도 없고 생명의 끝도 없어 하나님 아들과 방불하여 항상 제사장으로 있느니라."(히7:3)라고 말씀하심 같이 전능하시어 시공을 초월한 초월적 존재이시지 시공의 제한을 받는 육신의 예수일 수 없다. 그뿐만 아니라 주님이 자신의 육신을 가리켜 직접 "네가 어찌하여 나를 선하다 일컫느냐 하나님 한분 외에는 선한 이가 없느니라."(막10:18)라고 증거하심같이 하나님의 아들인 '거룩한 자'는 육신의 예수일 수 없다.

하나님의 아들 그리스도는 육신의 인간 예수 안에 내주하고 계신 '임마누엘'의 성자(聖子) 하나님인 그리스도이시다. 성자 하나님이 예수라는 육신의 옷을 입고 계신 것이 예수 그리스도이시다. 예수 그리스도의 부활은 성자 하나님이신 그리스도께서 입고 계시던 육신예수의 옷을 벗으신 것으로 육체가 신비하게 변한 것이 아니다.

신인 예수 그리스도는 이렇게 육신의 인간과 하나님이 하나로 존재하고 계신 이중체(二重體)이다. 예수의 육신이 하나님이신 단일체(單一體)가 아닌 것이다. 이러한 이중체로서의 예수 그리스도를 성경은 "이 아들로 말하면 육신으로는 다윗의

혈통에서 나셨고 성결의 영으로는 죽은 가운데서 부활하여 능력으로 하나님의 아들로 인정되셨으니 곧 우리 주 예수 그리스도시니라."(롬1:3-4)라고 말씀하시는 것이다.

4) 기독교의 구원

기독신앙에 있어서의 구원론은 어떤 다른 요소에 비교할 수 없는 절대의 문제다. 성경적 구원은 "만일 그리스도 안에서 우리의 바라는 것이 다만 이생뿐이면 모든 사람 가운데 우리가 더욱 불쌍한 자리라."(고전15:19)라는 말씀처럼 그리스도인이란 사후의 천국에서의 영생을 얻기 위해서 육신과 세상에서의 복락을 포기하고 부인하는 사람이기 때문에 구원론이 잘못되어 천국 구원을 이루지 못한다면 세상과 천국을 다 잃는 한심하고 불쌍한 사람이 되는 것이다.

a. 피복음적 구원론

예수 그리스도께서 2천 년 전에 갈보리의 십자가에서 흘리신 피로 육신의 죄를 사함 받으면 영혼의 구원을 얻는다는 기독교의 구원논리가 '피복음'이다. 전 세계의 기독교가 가장 건전한 '복음주의적 교회'로 평가하는 기준이 '피복음적 구원론'이냐 아니면 행위적인 자유신학의 종교다원주의적 구원론이냐의 문제이다.

'피복음'이 성립하기 위해서는 예수 그리스도가 2천 년 전에 갈보리 십자가 위에서 흘리신 피가 시간과 공간과 대상을 초월해서 모든 사람의 죄를 사할 수 있는 초월적인 '보혈(寶血)의 능력의 피'가 아니면 안 된다. 육신 예수의 피가 '보혈의 피'이기 위해서는 피의 주인인 예수의 몸 자체가 초월적 능력을 갖는 하나님이 아니면 안 된다. 이러한 기독교의 '피복음적 논리' 때문에 육신 예수가 하나님인 단일체로서의 성자 하나님이 된 것이다.

주님께서 모든 사람의 죄를 사하여 주시기 위해 십자가에서 피 흘려 돌아가신 것(마26:28)은 사실이다. 그러나 예수 그리스도의 피로 죄 사함 받으면 영혼이 구원 받는다는 근거나 논리는 성경 어디에도 없다. 육신의 죄를 사함 받으면 영혼이 구원을 얻는다는 논리는, 단어는 '영혼구원'이라고 말하지만 실제로는 유대교의 메시아 대망사상과 마찬가지로 육신과 세상 구원이지 영혼의 천국구원이 아니다. '피복음'의 구원은 초점이 구원에 맞추어 있지 않다. 오히려 영혼구원은 평생의 신앙을 제자훈련으로 대표되는 종교적 훈련을 통한 세상 구원에 진력하게 하기 위한 미끼에 지나지 않는다. 이렇게 '피복음적' 구원의 실제는 '행위구원'이지 절대로 '믿음구원'이 아니다.

 가시적 결과만이 기준인 인간의 육적 본능을 가장 잘 적용하고 있는 것이 '피복음'이다. '보혈의 능력'으로 구원을 받는다는 논리이므로 '피'만 믿으면 충분하기 때문에 '피'의 주인이고 원인인 예수 그리스도는 알 필요도 믿을 필요도 없어진 것이 '피복음'이다. 그래서 전 세계의 기독교가 알고 믿고 있는 '오직 예수'의 예수 그리스도는 자신들이 믿고 싶은 대로 만든 육신의 성자 하나님인 우상 예수이지 성경적인 예수 그리스도가 전혀 아니다. 이러한 '피복음적인 기독교'가 성경적인 예수 그리스도를 알지 못하는 것은 오히려 당연한 것이다.

 '피복음'에 있어서의 '오직 믿음'은 십자가 사건이나 물질인 피를 믿는 '객관적 믿음'으로 충분하기 때문에 살아계신 하나님을 믿는 '주관적 믿음'이나 '인격적 믿음'은 생각할 필요조차 없어진 것이다. 그러나 분명한 사실은 성경이 요구하는 구원을 위한 믿음은 인격체로서의 예수 그리스도를 믿는 '인격적 믿음'(요3:16)이고 주님을 '영접하는 믿음'(요1:12)이지 사건이나 물질을 믿는 '객관적 믿음'이 아니다. 십자가에서 피 흘려 죽은 예수는 절대로 하나님일 수 없다. 죽을 수 있는 존재는 절대로 하나님이 아니다. 하나님은 어떤 경우에도 죽을 수 없다.

b. 주 예수를 믿으라

예수를 믿지 않고서는 누구도 구원(요3:16)을 받을 수 없다. 믿음이 한 가지만 있는 것이 아니므로 여러 가지 믿음 중에 구체적으로 예수를 어떻게 믿어야 실제로 구원을 받을 수 있는지의 문제를 생각하지 않으면 안될 것이다. 믿음이 잘못되어서는 어떤 경우에도 구원받을 수 없기 때문이다.

예수를 믿어 구원받는 문제가 기독신앙에 있어서 가장 심각하고 중요한 문제라는 사실을 대부분의 그리스도인들이 자각하고 있는 것이 사실이다. 그러면서도 '피복음'의 영향이겠지만 '피복음'이 아닌 구원이라면 어떻게 예수를 믿어야 실제로 구원을 받을 수 있는가의 문제에 관해서는 전혀 생각도 고민도 하지 못하고 있는 것은 참으로 안타까운 현실이다.

예수 믿고 구원 받는다는 것은 자신의 신분이 하나님의 자녀로 바뀐다(요1:12)는 것일 뿐 죄가 없는 의인이 된다는 말이 아니다. 내가 하나님의 자녀로 신분이 바뀌는 것을 성경은 "주 예수를 믿으라. 그리하면 너와 네 집이 구원을 얻으리라."(행16:31)라고 말씀한다. 예수를 믿으라가 아니라 '주(主)' 예수를 믿으라이다. '주' 예수를 믿으라는 말의 정확한 해석은 자신의 마음의 주인을 예수로 바꾸라는 말이다. 마음의 주인을 예수로 바꾼다는 것은 항상 자신의 마음의 주인은 예수이고 자신은 예수의 종이 되겠다는 것이다. 어느 누구도 자신의 마음의 주인이 아직도 자기 자신이고, 예수로 바뀌지 않은 사람은 예수를 믿는 사람도, 구원 받은 사람도 아니다.

이렇게 자신의 마음의 주인을 예수로 바꾸는 것을 "영접하는 자 곧 그 이름을 믿는 자들에게는 하나님의 자녀가 되는 권세를 주셨으니"(요1:12)라고 하시는 것이다. 자신의 마음의 주인을 물리적이며 실제적으로 예수로 바꾸어야 한다. 이렇게 마음의 주인을 예수로 바꾸는 순간 주님께서는 실제로 자신의 심령 안에 물리적으로 임마누엘하시는 것이다. 그리고 이렇게 한 번 임마누엘하신 주님은 영원히 떠나시지 않는다. 그래서 한 번 구원은 영원한 구원이다. 그래서 '오직 믿음'은 '오직 영접'이다.

c. 결론

내 마음의 주인을 물리적으로 영접하는 주님은 추상적인 관념의 주님이 아닌, 지·정·의가 있으신 실존적 존재로서의 인격체이시다. 영접해야할 대상으로서의 주님이 인격체라는 말은 인간이 원하기만 하면 무조건 들어오시는 주님이 아니라는 의미다. 한쪽에서 원하기만 하면 될 수 있는 대상이란 인격체가 아닌 물질이나 짐승이다.

내가 원해서 영접하는 주님이 인격체라면 들어오시는 데는 반드시 조건이 있어야 한다는 뜻이다. 들어오시는 주님과 영접하는 인간의 쌍방의 조건이 일치해야만 하는 인격적 연합이 아니면 안 되는 것이다. 이러한 인격적인 연합에 의한 구원을 성경은 신랑이신 주님과 신부인 인간의 두 몸이 한 몸을 이루는 결혼(창2:24)이라고 말씀하신다. 기독신앙적인 구원론은 '피복음적' 구원론이 아닌 주님과 인간이 완전한 인격적 결합으로 한 몸을 이루는 결혼이다.

d. 천국구원과 지옥형벌

기독교의 구원은 육신 사후에 천국에서 영생복락을 누리느냐 아니면 영원한 지옥형벌을 받느냐의 문제이기 때문에 성경은 여러 곳에서 천국과 지옥을 인간이 알 수 있도록 계시하고 있다. 그러나 성경이 계시하고 있는 천국과 지옥은 실제보다는 너무 미미해서 많은 사람들이 더 자세히 알고 싶어서 여러 방법으로 연구들을 하고 있다.

하지만 하나님의 뜻은 성경이 계시하고 있는 범위에서만 천국과 지옥을 알아야지 그 이상은 알아서는 안 된다는 것이다. 더 자세히 계시하시면 천국이 무척 가고 싶어서, 또는 지옥이 너무 두려워서 예수를 믿게 되기 때문이다. 지옥형벌을 면하고 천국구원을 이루는 것을 목적으로 예수를 믿어서는 신랑 예수만을 사랑하는 사람이 아니라 자신의 천국복락을 위해 예수가 수단으로 필요한 사람이 되기 때문이다. 예수를 믿으면 천국에 가게 되지만, 천국에 가기 위해 예수를 믿어서는 절대로 천국에 갈 수 없다. 이 점을 명확히 정립하지 않으면 안 된다.

e. 오직 예수

예수를 믿게 된 동기는 사람마다 여러 가지로 다양할 수 있다. 신유의 역사가 크게 일어나서, 또는 물질 축복을 강조하여 급성장하거나 사랑과 사회적 봉사활동으로 유명해진 교회들도 많이 있다. 이러한 것들이 사람에게 중요한 문제이기는 하지만 그러나 누구든지 천국 구원을 받기 위해서는 다른 어떤 것이 아닌 '오직 예수'만이 목적이어야 한다.

나보다 나를 더 잘 아시는 전능하신 주님께서는 주님만을 사랑하는 "정결한 처녀"(고후11:2)와만 결혼하기를 원하시지, 주님을 수단으로 자기 목적을 이루려는 정략결혼은 원하지 않으신다. 이렇게 구원을 받은 그리스도인을 성경은 "이 사람들은 여자로 더불어 더럽히지 아니하고 정절이 있는 자라. 어린 양이 어디로 인도하든지 따라가는 자며 사람 가운데서 구속을 받아 처음 익은 열매로 하나님과 어린 양에게 속한 자들"(계 14:4)이라고 말씀하신다.

육신으로 살아 계신 예수 그리스도를 좇는 것이라면 오히려 문제가 없겠지만 '어린 양이 어디로 인도하든지 따라가려면' 어린 양을 정확히 알지 못하고서는 가능하지 않을 것이다. 그래서 성경적인 구원론이 '피복음'이 아니라 신랑이신 예수 그리스도와 결혼을 해야 하는 문제이기 때문에 "영생은 곧 유일하신 참 하나님과 그의 보내신 자 예수 그리스도를 아는 것"(요17:3)이라고 말씀하신다. 그러나 예수의 피만으로 충분한 '피복음적'인 기독교는 성경적인 예수 그리스도를 전혀 알 필요조차 없어졌다.

f. 요3:5

신구약성경 전체를 통해서 영혼구원의 절대적 조건을 가장 정확하게 잘 표현한 구절이 "예수께서 대답하시되 진실로 진실로 네게 이르노니 사람이 물과 성령으로 나지 아니하면 하나님 나라에 들어갈 수 없느니라."(요3:5)이다. 이 말씀은 육신 사후에 영혼이 하나님 나라에 들어가는 천국구원이지 세상에서 복락을 누리는 육신구원이 아니다.

'진실로 진실로'로 번역된 말씀의 헬라어 원문은 히브리어를 음역한 '아멘 아멘'이다. 일반적으로 '아멘'은 말씀이나 기도가 끝났을 때 동의한다는 뜻으로 사용되는 말이다. 그런데 주님께서는 특이하게 말씀을 시작하시면서 '아멘'을 먼저 하신 것이다. 다음에 하시는 말씀이 확정적인 대단히 중요한 말씀이므로 깊이 세밀하게 생각해야 한다고 주의를 주시는 주님의 특별하신 강조법이다. 그리고 주님께서는 이러한 강조법으로 '아멘'을 두 번 이상 사용하신 경우는 한 번도 없다. 본문은 더 이상 강조할 수 없을 정도로 가장 중요하다는 말씀이다.

그뿐만 아니라 '아멘 아멘'으로써 강조도 부족하여 '물과 성령으로 나야 한다'는 말씀을 부정에 부정의 강조법으로 '물과 성령으로 나지 않으면 안 된다'로 재차 강조하셨다. 본문은 기독신앙에 있어서의 구원에 절대적인 구절이라는 말씀인 것이다. 아무리 죄 사함을 받고 이웃 사랑과 봉사를 실천하여 선하고 의로운 삶을 산 사람일지라도 '물과 성령'으로 나지 않으면 어떤 경우로도 천국에 들어갈 수 없다는 말씀이다. 성경적인 천국구원의 유일무이한 조건은 반드시 물과 성령으로 나지 않으면 안 된다.

물론 본문 외에도 구원의 절대 조건으로 쓰인 성경구절들은 많이 있다. "진실로 너희에게 이르노니 너희가 돌이켜 어린 아이들과 같이 되지 아니하면 결단코 천국에 들어가지 못하리라."(마18:3)든가 "예수께서 가라사대 내가 곧 길이요 진리요 생명이니 나로 말미암지 않고는 아버지께로 올 자가 없느니라."(요14:6)나 "사람의 모든 죄와 훼방은 사하심을 얻되 성령을 훼방하는 것은 사하심을 얻지 못하겠고 또 누구든지 말로 인자를 거역하면 사하심을 얻되 누구든지 말로 성령을 거역하면 이 세상과 오는 세상에도 사하심을 얻지 못하리라."(마12:31-32) 등이다. 이렇게 신구약 성경 전체에서 구원의 절대 조건으로 쓰인 구절들은 예외 없이 전부 요3:5 안에 다 포함된다. 따라서 요3:5을 정확히 모르는 사람은 그리스도인이 아니다.

5) 영(靈)=실체(實體)

영성신학(靈成神學)에서 가장 문제가 되는 것은 모든 영을 물리적 실체로서의 실존적 존재로 인식하지 못하고 추상적이며 관념적으로만 이해하고 있다는 점이다.

a. 신관계와 인간관계

성경은 신관계의 제1-4계명(출20:3-11)과 인간관계의 제5-10계명(출20:12-17)이 다 중요한 것으로 말씀하고 있다. 주님께서도 율법 중에 어느 계명이 크냐는 질문에 대해서 "네 마음을 다하고 목숨을 다하고 뜻을 다하여 주 너의 하나님을 사랑하라 하셨으니 이것이 크고 첫째 되는 계명이요 둘째는 그와 같으니 네 이웃을 네 몸과 같이 사랑하라 하셨으니 이 두 계명이 온 율법과 선지자의 강령이니라."(마22:37-40)라고 답하셨다.

b. 인간관계 절대의 인간

인간은 사회적 동물이다. 인간은 인간 간의 관계를 떠나서는 살아갈 수 없다. 하나님께서 선악과를 먹으면 정녕 죽는다고 경고(창2:17)하셨음에도 하와는 뱀의 미혹은 받아(창3:1-5) '그 나무를 본즉 먹음직도 하고 보암직도 하고 지혜스럽게 할 만큼 탐스럽기도 한 나무인지라 그 실과를 따먹었지만', 아담은 하와가 '자기와 함께한 남편에게도 주매 그도 먹었다.' (창3:6) 성경의 증거로는 인간(아담)은 '선악을 알게 하는 나무의 실과를 먹는 날에는 정녕 죽으리라' 는 하나님의 경고를 무시하고 목숨을 걸고 인간(하와)의 말을 듣고 선악과를 먹을 만큼 신관계(창2:17)보다 인간관계(창3:6)가 절대적으로 중요한 존재다.

그래서 유일신 종교에 있어서 구원의 조건도 항상 육신과 세상을 위한 선과 의, 희생봉사와 박애 등의 인간관계만이 문제이지 신관계가 아니다. 메시아를 대망하는 유대교나, 코를 땅에 대고 기도하는 회교나, 오직 예수의 피복음의 기독교나 외형상으로는 하나님을 믿는 것으로 보이지만 실제에 있어서는 인간관계를 위해 무신종교에서와 같이 신을 당근과 채찍으로만 필요로 할뿐 신을 믿고 있는 것이 아니다. 신을 믿는 것으로 착각하고 있을 뿐이다. 신은 경배와 찬양의 대상인 심판주이지 인격적 교제의 기도의 대상은 아닌 것이다.

유일신 신앙에 있어서 이렇게 자신이 실제로는 하나님을 믿고 있지 않다는 사실을 올바로 깨닫는 것은 어렵다. 주님께 영생의 조건을 묻는 율법사에게 율법에 무엇이라고 기록되었으며 네가 어떻게 읽느냐고 되물으심에 대하여 "네 마음을 다하며 목숨을 다하며 힘을 다하며 뜻을 다하여 주 너의 하나님을 사랑하고 또한 네 이웃을 네 몸과 같이 사랑하라 하였나이다."(눅10:27)라고 답하자 주님께서 이를 행하라고 하셨다. 그런데 이 율법사는 내 이웃이 누구냐고만 묻는다. 율법의 첫째인 하나님을 사랑하는 문제를 묻지 않는다. 하나님은 믿고 사랑하고 있다고 착각하고는 인간관계만이 중요하기 때문이다.

인간은 인관관계가 절대이기 때문에 교회가 교인들을 인간관계로 얽어놓지 않고 신관계 절대론만 강조해서는 결코 부흥할 수 없다. 그래서 대형 교회들은 예외 없이 교인들을 여러 가지 다양한 방법을 동원하여 인간관계의 조직으로 철저히 얽어 놓는다. 영적으로는 사악한 인관관계의 완전한 얽매기의 대표적인 경우가 통일교를 비롯한 일부에서 자행하고 있는 교인들 간의 반 강제적인 결혼이다.

c. 신관계 절대의 하나님

하나님께서 '선악을 알게 하는 나무의 실과를 먹으면 정녕 죽으리라' (창2:17)라고 하신 선악과를 아내의 말을 듣고 따먹는다는 것은 목숨을 걸 정도로 인간에게 있어서는 인간관계가 절대로 중요하기 때문이다. 반대로 전지전능하시어 아내의 말을 듣고 목숨을 걸고 선악과를 따먹을 것을 미리 아시면서도 따먹으면 정녕 죽으리라고 하신 것은 하나님께는 하나님과의 관계가 인간이 목숨을 걸 정도로 절대로 중요하다는 말씀이다. 인간에게 있어서는 인간관계가 절대이지만 하나님께 있어서는 신관계가 절대인 것이다. 그래서 하나님께서는 "여호와의 말씀에 내 생각은 너희 생각과 다르며 내 길은 너희 길과 달라서 하늘이 땅보다 높음 같이 내 길은 너희 길보다 높으며 내 생각은 너희 생각보다 높으니라."(사55:8-9)라고 하시는 것이다.

이렇게 인간관계와 신관계는 "무릇 내게 오는 자가 자기 부모와 처자와 형제와 자매와 및 자기 목숨까지 미워하지 아니하면 능히 나의 제자가 되지 못하고"(눅14:26)라고 주님이 말씀하실 뿐 아니라 "육신의 생각은 하나님과 원수가 되나니 이는 하나님의 법에 굴복치 아니할 뿐 아니라 할 수도 없음이라."(롬8:7)라고 하고 또 "육체의 소욕은 성령을 거스리고 성령의 소욕은 육체를 거스리나니 이 둘이 서로 대적함으로 너희의 원하는 것을 하지 못하게 하려 함이니라."(갈5:17)라고 하심대로 배타적이고 대립적이지 양립하거나 조화를 이룰 수 있는 문제가 결코 아니다.

d. 오직 예수

인간에게 있어서는 "한 사람이 두 주인을 섬기지 못할 것이니 혹 이를 미워하며 저를 사랑하거나 혹 이를 중히 여기며 저를 경히 여김이라."(마6:24)라고 주님이 증거하심같이 신관계와 인간관계는 양립할 수 없는 배타적인 문제이다. 이것을 바울은 "이제 내가 사람들에게 좋게 하랴 하나님께 좋게 하랴 사람들에게 기쁨을 구하랴 내가 지금까지 사람의 기쁨을 구하는 것이었더면 그리스도의 종이 아니니라."(갈1:10)라고 한 것이다.

10계명은 제1계명을 범한 사람에게 나머지 아홉 가지 계명이 필요한 것이지 전지전능하시고 절대선과 의이시며 초월적인 하나님이 물리적이며 실제로 함께하신 사람에게 필요한 계명이 아니다. 제1계명이 실제인 사람에게는 다른 계명은 필요치 않은 것이다. '오직 예수'는 주님 이외의 모든 것을 배제한다는 말이다. 그래서 주님이 "내가 곧 길이요 진리요 생명이니"(요14:6)라고 말씀하신 것이다.

e. 천국구원

누구든지 이러한 자신의 하나님에 대한 실제적 믿음의 상태를 깊이 깨닫지 못하고는 결코 천국구원을 받을 수 없다. 성경이 보이지 않는 가장 근본적인 문제는 신관계만이 절대인 것으로 기록된 것을 인간관계가 절대인 것으로 잘못 보기 때문이다. 신구약 전체의 성경이 증거하는 바로는 어떤 경우에도 인간관계가 절대인 사람은 절대로 천국구원을 받을 수 없다. 인간관계에서의 선과 의, 악과 죄의 도덕적인 문제는 "네가 범죄한들 하나님께 무슨 영향이 있겠으며 네 죄악이 관영한들 하나님께 무슨 관계가 있겠으며 네가 의로운들 하나님께 무엇을 드리겠으며 그가 네 손에서 무엇을 받으시겠느냐 네 악은 너와 같은 사람이나 해할 따름이요 네 의는 인생이나 유익하게 할 뿐이니라."(욥35:6-8)의 말씀처럼 인간관계에서만의 문제일 뿐 하나님과는 아무런 상관이 없는 것이다.

천국은 신관계가 절대로 된 사람만이 들어갈 수 있는 곳이다. 인간관계가 더 중요한 사람은 절대로 들어갈 수 없는 곳이다. 출애굽한 이스라엘이 광야에서 죽고 가나안에 들어가지 못한 것은 출애굽을 했으나 여전히 가나안보다는 애굽이 더 좋았었기 때문(민14:28)이고, 롯의 처는 소돔과 고모라가 소알 성보다 더 좋아서 뒤를 돌아보았기 때문에 소금기둥(창19:26)이 된 것이다.

주님은 항상 하나님과 천국이 더 중요하셨던 분이시라 천국에 가신 것이다. 그러나 주님을 제외한 모든 인간은 인간관계가 절대이지 신관계가 더 중요한 사람은 아무도 없다. 인간은 인간관계를 위해 살지 신관계를 위해 사는 사람이 아니다. 인간관계를 위해 살 수밖에 없는 것이 인간이지만, 인간관계를 목적으로 사는 사람이 종교인이고 신관계가 절대적이기를 원하면서도 그렇게 살지 못하는 것을 고민하면서 인간관계를 위해 사는 사람이 그리스도인이다. 인간관계가 목적인 삶을 살게 가르치는 것은 절대로 천국구원을 위한 유일신 신앙이 아니다.

유일신 신앙에 있어서 가장 유의해야 할 점은 실제에 있어서는 인간관계를 위한 행위들을 신관계로 착각해서는 안 된다는 점이다. 신앙생활의 핵심이 종교적인 도덕성의 문제에서뿐 아니라 유대교에 있어서의 안식일 계명을 엄격히 지키는 것이나 성전을 거룩하게 여기는 것, 회교에 있어서 코를 땅에 대기까지 하며 하는 기도나 구제 활동, 기독교의 피복음과 제자훈련 그리고 찬양과 경배 등은 겉보기에는 신관계로 보이지만 실제로는 인간관계의 종교적 행위를 신관계로 착각하는 것이다. 외모가 중요한 것은 사람이지 하나님이 아니다. 신관계는 "오른손이 하는 것을 왼손이 모르게"(마6:3) 하지 않으면 안 된다.

유일신신앙에 있어서의 신앙생활이란 인간관계가 절대인 사람이 신관계가 절대인 사람으로 점차적으로 바뀌어 가는 삶을 사는 것이다. 천국구원의 핵심은 어떤 경우에도 인간관계가 절대인 사람이 신관계가 절대인 사람으로 바뀌지 않으면 안 된다는 점이다. 교회란 신관계론만이 지배하고 있는 곳이어야 한다. 인간관계론이 지배하고 있는 곳은 결코 주님의 교회가 될 수 없는 것이다.

f. 예수 심장

결국 임종시에는 100% 신관계 절대인, 자신의 마음의 주인이 주님으로 완전히 바뀌어있지 않고는 누구도 천국에 들어갈 수 없다. 평생의 신앙생활이 인간관계를 위해 살면서도 항상 신관계가 절대로 바뀌지 못해 고민하던 사람이 아니고는 임종 시에도 자신의 마음의 주인을 실제로 주님으로 완전히 바꾸는 것은 거의 가능하지 않다. 이렇게 마음의 주인이 완전히 주님으로 바뀐 사람을 '예수 그리스도의 심장'(빌1:8)을 갖고 있다고 말씀하는 것이다.

그리스도인이란 '예수 심장'이 있는 사람이지 예수의 피로 죄 사함을 받은 사람이 아니다. 그리스도인은 '예수 심장'으로 예수 믿고, '예수 심장'으로 복음을 전하는 사람이지 결단하고 제자 훈련하여 예수의 삶을 본받아 사는 사람이 아니다. 누구든 '예수 심장'이 없는 사람은 아직은 예수 믿는 사람이 아니다.

g. 십자가 구원

인간의 육적 본능이 인간관계가 절대이기 때문에 이런 사람이 신관계가 절대인 사람으로 바뀌는 것은 있을 수 없다. 반드시 먼저 인간관계가 절대인 자아가 죽지 않고서는 신관계가 절대인 사람으로 바꾸어질 수 없는 것이다. 그래서 주님께서는 "아무든지 나를 따라 오려거든 자기를 부인하고 날마다 제 십자가를 지고 나를 좇을 것이니라. 누구든지 제 목숨을 구원코자 하면 잃을 것이요 누구든지 나를 위하여 제 목숨을 잃으면 구원하리라"(눅9:23-24)라고 하신 것이다.

이 세상에서 인간관계가 절대인 사람이 인간관계를 포기하는 것보다 어려운 것은 없다. 천국구원에 있어서 가장 어려운 문제는 인간관계를 완전히 포기하는 것이다. 종교적 신앙의 종교다원주의적 구원론은 인간관계를 포기하지 못한 유일신 종교의 사단적인 논리로 결코 성경적 구원론이 아니다.

h. 하나님의 구원

하나님이 인간을 세상에서 구원하시는 유일의 조건은 "마음을 강하게 하고 담대히 하라. 두려워 말며 놀라지 말라. 네가 어디로 가든지 네 하나님 여호와가 너와 함께 하느니라."(수1:9)하심과 같이 하나님이 인간과 함께 하셔야만 하는 신관계 절대만이다. 어떤 경우에서든 성경이 증거하는 바로는 이스라엘이 전쟁에서 승리할 수 있는 길은 오직 하나님이 함께 하시느냐이다. 결코 군사의 많음이나 손자병법적인 인간의 지략에 있는 것이 아닌 것이다.

세상에서뿐 아니라 천국구원에 있어서도 인류 역사상 죽지 않고 산 채로 휴거하여 천국구원을 받은 완전한 예로서의 에녹을 "하나님과 동행하더니 하나님이 그를 데려가시므로 세상에 있지 아니하였더라"(창5:24)로 증거하심과 같이 신관계 절대만이 천국구원을 받을 수 있는 유일한 조건인 것이다.

i. 오직 믿음

인간관계를 포기할 수 있는 유일의 길은 인간관계보다 신관계가 더 중요해야 한다. 그러나 하나님이 전지전능하시고 절대선과 의이시며 초월적 존재라고 해도 가시적 결과만이 기준인 육신의 인간으로서는 하나님을 실제로 믿는다는 것은 어려운 일이다.

애굽에서의 재앙들과 홍해를 마른 땅으로 건너고 구름기둥과 불기둥 아래서 매일 만나를 먹으면서 금송아지를 만드는 것이 인간이다. 홍해를 마른 땅으로 건넌 이스라엘이 하나님을 믿었기에 하나님을 찬송(출15:19-21)했을 것이다. 그러나 그들이 실제로 믿은 것은 보이지 않는 하나님이 아니라 보이는 모세였기에, 모세가 시내산에 올라가 보이지 않자 자기들을 인도한 신으로 금송아지(출32:1-6)를 만든 것이다. 자기들은 신관계가 절대인 하나님만을 믿고 있다고 착각하고 있었지만 실제로는 가시적인 인간관계만이 절대인지라 모세를 믿은 것이다.

보이지 않는 하나님과의 관계가 보이는 인간과의 관계보다 자신의 마음에서 더 실제적인 관계가 되지 아니하고서는 아무리 겉보기에 하나님을 경배하고 찬양하며 주일을 어김없이 성수하고 십일조를 철저히 하고 날마다 희생 봉사를 해도 결코 실제적인 믿음이 아니다. 하나님과의 관계에 있어서 실제적 믿음이 없이는 어떤 경우에도 실제적으로 천국에 들어가는 것은 가능하지 않다.

기독신앙은 관념과의 전쟁이다. 추상적이며 관념적인 믿음을 실제적인 것으로 착각하고 있는 사람들로 하여금 실제적인 믿음으로 바꾸게 하지 못하면 주님의 교회가 아니다. 기독신앙이 유대교와 차별을 이루어야하는 핵심은 관념적 말씀에 머물러 있는 유대교(사7:14)에서 말씀이 육신(요1:14)이 된 실제적 믿음으로 바뀌어야 한다. 그래서 믿음은 영이신 하나님을 물리적 실체로 믿는 실제적 믿음이어야 하고, 구원은 이러한 믿음의 '오직 믿음' 이다.

j. 온전한 인간관계

참다운 인간관계가 되려면 첫째 서로 마음이 통해야 한다. 그러려면 상대의 마음을 읽을 수 있어야 가능하다. 그러나 가시적 결과만이 기준(창3:7)인 인간으로서는 다른 사람의 마음을 읽을 수 없다. 상대의 마음을 읽는 것처럼 보이는 것도 자기 짐작의 한계를 벗어나지 못한다. 따라서 참다운 인간관계를 할 수 있는 인간은 없다.

둘째로 참다운 인간관계를 하려면 자신보다 상대를 더 신뢰해야 가능하다. 그러나 인간은 자기중심적인 이기적 존재(창3:12)이지 타인중심의 이타적 존재가 아니다. 아내가 사랑스러우면 처갓집 말뚝에도 절을 한다는 속담처럼 자기 마음대로 교제하는 존재이다. 상대 마음대로 교제하는 존재가 아닌 것이다.

어떤 사람도 먼저 하나님과의 관계가 바로 되지 않고서는 참다운 인간관계를 할 수 없다. 참다운 인간관계는 하나님과의 관계 안에서만 가능하다. 이점을 주님께서 양과 염소의 비유(마25:31-46)로 설명하셨다. 양은 하나님 안에서의 인간관계를 한 사람이고 염소는 하나님 없이 한 인간관계이다. 또 선한 사마리아인의 비유(눅10:30-37)로도 잘 증거하셨다. 선한 사마리아 사람은 하나님 안에서 구제한 사람이고 제사장과 레위인은 하나님 안에 있는 것으로 착각하고 있는 사람의 인간관계의 한계를 설명하신 것이다.

주님께서 온전한 인간관계를 하실 수 있으신 것은 "내가 내 자의로 말한 것이 아니요 나를 보내신 아버지께서 나의 말할 것과 이를 것을 친히 명령하여 주셨으니"(요12:49)라고 하심과 같이 하나님 안에서만 인간관계를 하셨기 때문이다. 하나님을 떠나서는 어떤 경우에도 인간은 온전한 인간관계는 가능하지 않다.

3장
하나님의 삼위일체

그리스도인에게 있어서 생명보다 더 귀한 것이 '오직 믿음'이다. 이런 믿음이 하나님과 인간이 인격적으로 결합하는 결혼의 문제이기 때문에 그리스도인은 누구나 하나님과 인간을 반드시 성경적으로 정확히 정립하여야 한다. 하나님께서 인간을 하나님의 형상대로 창조(창1:27)하셨기 때문에 하나님을 모르고는 인간을 알 수 없고 또 인간을 모르고는 하나님을 알 수 없다.

1. 하나님의 삼위일체

하나님은 육의 눈으로는 볼 수 없는 영적 존재(요4:24)이기 때문에 하나님께서 계시해주시지 않으면 인간은 누구도 하나님을 알 수 없다. 그러나 아무리 하나님이 계시해주셔도 하나님의 전능성을 알 수 없는 것이 인간이다. 따라서 하나님을 알기 전에 먼저 하나님을 알아야 할 필요성부터 생각해야 한다.

1) 삼위일체론 정립

인간이 하나님을 알아야 할 이유는 하나님의 구원을 받아 천국에 들어가기 위함이다. 그러므로 하나님에 관한 요소들 중에서 천국구원을 받기 위해서 필요한 최소의 것들은 알아야 한다. 인류의 역사 이래 하나님을 많이 연구해 왔지만, 정작 천국구원을 받기 위해 알아야 할 하나님에 관해서는 올바로 정립되어 있지 못하다.

a. 천국구원의 조건

대부분은 천국구원을 받기 위해 필요한 하나님이 아니다. 아무리 하나님을 잘 알아도 천국구원을 받지 못한다면 무슨 소용이 있겠는가? 천국구원론을 신학적으로 올바로 정립하기 위해서는 반드시 하나님의 삼위일체교리를 성경적으로 올바로 정립하지 않으면 안 된다. 하나님의 삼위일체교리를 성경적으로 올바로 정립하지 못하고는 신학적으로 구원론을 정립할 수 없다.

b. 삼위일체교리의 중요성

기독교 역사에는 하나님 앞에 부끄러운 일들도 많다. 그 가장 대표적인 경우가 예수 믿는 사람들을 예수이름으로 처형한 것이다. 아마도 기독교 초기에 로마의 박해로 순교한 사람들보다 기독교가 예수이름으로 예수 믿는 사람들을 처형한 수가 더 많을 것이다. 그 대표적인 인물이 장로교의 창시자 요한 칼빈이다. 장로교로서는 숨기고 싶은 사실이겠지만, 요한 칼빈에 의해 처형당한 재침례교도들이 무수히 많다.

이렇게 교회가 예수 믿는 사람들을 예수이름으로 처형할 때 적용한 죄목은 항상 '하나님의 삼위일체교리'를 범했다는 것이다. 이렇게 기독교에 있어서의 '하나님의 삼위일체교리'는 범하면 처형을 시킬 정도로 절대적으로 중요한 문제다.

c. 삼위일체교리의 신비

예수 믿는 사람을 예수이름으로 처형하면서 적용한 죄목이 '하나님의 삼위일체교리'의 문제라면, 성경적으로 정확히 정립한 '하나님의 삼위일체교리'를 기준으로 하여 판단했어야 마땅하다. 그러나 기독교 역사 이래 지금까지 성경적으로 모순이 없는 '하나님의 삼위일체교리'를 정립한 사람은 아무도 없다. 그래서 어떤 신학자는 '하나님의 삼위일체교리를 성경적으로 정립하려는 것은 마치 태평양 물을 숟가락으로 퍼내서 말리려드는 것과 같은 신비다.'라고 했다.

이러함에도 불구하고 대부분의 목회자들이 마치 자신이 '하나님의 삼위일체교리'를 성경적으로 정립해서 아는 것처럼, 성경적으로 전혀 일치하지도 않는 '하나님의 삼위일체교리'

를 성도들에게 가르치고 있다. 이는 아예 '하나님의 삼위일체 교리'를 고민하는 사람자체를 없게 만들게 된다.

 이것은 마치 구원받지 못한 사람을 구원받은 것으로 확신시키는 것과 같다. 구원 받지 못한 사람은 자신이 구원받지 못한 사실을 자각하고 있어야 언젠가 구원을 받을 수 있다. 구원받지 못한 사람에게 구원의 확신을 갖게 하면 그 사람은 영원히 구원받을 수 없게 된다. 이는 "연자맷돌을 그 목에 매이우고 바다에 던지우는 것"(눅17:2)보다 더 무서운 죄를 범하는 것이다.

 이와 마찬가지로 아직도 신비에 속한 하나님의 삼위일체 존재형태를 자신이 정립하여 알고 있는 것처럼 다른 사람을 가르쳐서는 안 된다. 성경적인 하나님의 삼위일체 존재형태를 고민하게 해야 한다.

2) 성경적 삼위일체

 하나님 삼위일체교리의 정립은 오직 복음서에서만 가능하다. 구약성경이나 서신서에서는 원칙적으로 불가능한 것이다. 따라서 '하나님의 삼위일체교리'의 신학적 정립은 구약기준의 유대교로서는 불가능할 뿐더러 기독교에 있어서도 서신서신학으로는 가능하지 않다. 오직 '복음서 신학'으로만 가능하다.

성부·성자·성령 하나님이 삼위일체로 존재하신다는 말의 가장 기본적인 의미는 세 분 하나님 간의 상호 관계에 관한 문제이다. 성경이 증거하고 있는 세 분 하나님의 관계는 일반적으로 교회가 가르치고 있는 것과는 완전히 다른 관계형태로 존재하고 계신다.

a. 능력이 다르다

주님께서 "아버지는 나보다 크심이니라."(요14:28)라고 하셨다. 성부 하나님이 성자 하나님보다 크시다는 말씀은 성부와 성자와 성령 하나님은 같지 않다는 말씀이다. 이렇게 성경이 증거하고 있는 성부·성자·성령 하나님은 각기 크기가 완전히 다른 세분이다.

하나님은 영(요4:24)이기 때문에 길이나 체적의 문제일 수 없으므로 다르다는 의미는 능력 차이의 문제다. 이렇게 성경이 증거하고 있는 성부·성자·성령 하나님은 각기 능력이 다른 분들이다. 그래서 주님께서도 '주기도문'에서 성부 하나님께 기도하라고 가르치신 것은 능력의 원천이 성부 하나님이실 뿐 아니라 능력이 가장 크신 분이 성부 하나님이기 때문일 것이다.

b. 인격이 다르다

주님께서는 겟세마네 동산에서 "나의 원대로 마옵시고 아버지의 원대로 하옵소서."(막14:36)라고 기도하셨다. 이는 성부 하나님의 원과 성자 하나님의 원이 다르다는 말이지, 같다는 말이 아니다. 원이 다르다는 말은 성부 하나님과 성자 하나님은 인격이 다르다는 말이지, 같다는 말이 아니다. 만일 인격이 같다면 아버지의 원과 아들의 원이 항상 같지, 다를 수 없다.

일란성 쌍둥이나, 혹 몸이 하나로 붙은 상태로 태어난 사람도 인격이 제각기 다른 존재이지 같은 사람이 아니다. 이렇게 성경이 증거하는 성부와 성자와 성령 하나님은 인격이 제각각 다른 세분이지, 같은 한 분이 아니다.

c. 몸이 다르다

주님께서 종말론을 정립해주시면서 시간성에 관한 절대 주권은 오직 성부 하나님께만 있다는 것을 "그날과 그때는 아무도 모르나니 하늘의 천사들도, 아들도 모르고 오직 아버지만 아시느니라."(마24:36)라고 하셨다. 그날과 그때를 성부 하나님은 아시는데 성자 하나님은 모르신다는 말씀이다. 아버지와 아들이 완전히 같은 한 몸이면 아버지가 아는 것을 아들이 알지 못하는 경우란 있을 수 없다. 아버지가 아는 것을 아들이 모른다고 말씀하는 의미는 아버지와 아들은 몸이 전혀 별개라는 말씀이다.

　하나님께서 선악과를 따먹지 말라고 경고(창2:17)하신 것은 아담과 하와가 한 몸이었을 때였으므로 하와도 이 사실을 알고 있었다.(창3:1) 하지만 두 몸으로 나뉜 후(창2:21-22)에는 하와는 먹음직도 하고 보암직도 하고 지혜스럽게 할 만큼 탐스럽기도 한 나무로 알아서 선악과를 따먹었지만, 아담은 하와와 같은 이유에서 따먹은 것이 아니다. 하와의 말을 듣고 따먹었다. 한 몸이었을 때는 남편이 안 것을 아내도 알았지만 두 몸이 된 후부터는 아내가 아는 것을 남편은 몰랐다는 말씀이다.

　이와 같이 아버지가 아는 것을 아들이 모른다는 말씀이 증거하는 바는 성부와 성자와 성령 하나님은 전혀 별개의 몸을 갖고 계신 객체들이지 결코 한 몸이 아니라는 것이다.

d. 독립된 객체

　성경이 증거하고 있는 성부와 성자와 성령 하나님은 능력도 인격도 몸도 전혀 다른 별개의 세 분의 객체이지 완전한 한 분으로 격이나 역할이 각각 다른 분이 아니다. 이는 성부·성자·성령 하나님은 마치 세 사람과 같이 별개로 존재하고 계신다는 말씀이다. 그러나 세 분 하나님이 이렇게 세 사람의 독립된 형태로만 존재하신다면 누구나 다 이해할 수 있는 당연한 관계이기 때문에 신비할 것이 전혀 없다. 세 사람이 능력도 인격도 몸도 다른 독립적인 인격체라야 정상이다. 이런 모든 것들이 완전히 같은 세 사람이 있다면 오히려 그것이 신비일 것이다.

e. 하나다

'하나님의 삼위일체교리'가 신비한 것은 성부와 성자와 성령 하나님은 독립된 별개의 형태로 존재하시면서 동시에 "나와 아버지는 하나이니라."(요10:30)라고 하심 같이 분리할 수 없는 하나의 상태로 존재하시기 때문이다. 독립된 객체로서의 세 분이면서 동시에 분리할 수 없는 한 분이고, 분리할 수 없는 한 분이면서 동시에 독립된 객체로서의 세 분이라는 말이다. 독립된 객체로서의 세 분이라는 말도 또는 분리할 수 없는 한 분이기만 하다는 말도 아니다.

이는 마치 같은 한 사람이 여자일 수 없는 완전한 한 남자이면서 동시에 남자일 수 없는 완전한 한 여자라는 말과 같다. 이것이 성경에서 말씀하고 계신 성부와 성자와 성령 하나님의 존재형태로서의 '하나님의 삼위일체교리'이다. 그러니 '하나님의 삼위일체교리'를 성경적으로 정립한다는 것은 태평양 물을 숟가락으로 퍼내어 말리려드는 것과 같은 신비가 아닐 수 없다.

이렇게 '하나님의 삼위일체교리'는 속성이 전혀 다른 독립된 객체로서의 성부, 성자, 성령의 세 분 하나님이 분리할 수 없는 하나의 상태로 존재하시는 존재형태를 실제로 입증하지 못하는 논리라면 어떤 경우든지 '하나님의 삼위일체교리'를 성경적으로 정립한 것이 아니다.

3) 하나님=빛

아무리 '하나님의 삼위일체교리'를 성경적으로 모순이 없이 이론적으로 완벽하게 정리를 해도, 가시적 결과만이 기준일 수밖에 없는 인간에게는 가시적으로 체험할 수 있는 실제적인 경우로 예시하지 못하면 아직 실제적인 신학이 아니다. 관념적인 신비로만 머물러있어 신앙을 위한 '실제적'인 사실로는 받아들이지 못하는 것은 신학이 아니다.

a. 비유의 목적

그래서 주님께서도 육적으로는 세상에서 체험할 수 없는 천국의 신비한 비밀들을 인간이 '실제'로 알게 하기 위해서 세상에서 육적으로 체험해서 알 수 있는 것을 '비유'로 설명하시는 것이다. 더구나 '하나님의 삼위일체교리'는 인간으로서는 알 수 없는 하나님의 본질적인 속성의 문제이기 때문에 비유가 아니고는 인간이 '실제'로 아는 것은 가능하지 않다. 그래서 성경은 하나님을 '실제'로 알고 믿게 하기 위해서 여러 가지 '비유'로 말씀하는 것이다.

b. 하나님=빛

성경이 제시하는 하나님에 관한 여러 가지 비유들 중에 가장 하나님을 많이 비유한 것이 "하나님은 빛이시라."(요일1:5)의 말씀과 같이 '빛'이다. 하나님은 빛과 같다가 아니라 '하나님=빛'이라고 말씀한다.

성경이 하나님의 말씀이고, 성경이 하나님을 '빛'으로 비유하여 '하나님=빛'이라고 말씀했다는 것은 하나님이 '물리적인 빛'을 하나님의 속성과 일치하도록 창조하셨다는 말씀이지, 하나님은 '영적 빛'이라는 말이 아니다. 이렇게 하나님은 물리적인 '빛'을 하나님의 속성과 같게 설계하셨기 때문에 '빛'은 사물을 보게만 한다. '빛' 자체는 보이지 않는 것처럼, 하나님께 있어서도 인간은 하나님이 역사하신 결과만 볼 수 있는 것일 뿐 하나님 자신은 볼 수 없다.

c. 촛불 비유

성경적인 '하나님의 삼위일체교리'를 촛불의 '촛불'을 성부 하나님으로, '빛'을 성자 하나님으로, '열'을 성령 하나님으로 설명할 수 있다. 본래 '촛불' 하나에서 '빛'과 '열'이 나왔으므로 '촛불'은 '빛'과 '열'보다 크다. 따라서 '촛불'과 '빛'과 '열'은 완전히 같은 것이 아니라 각기 다르다. 또 이 셋은 항상 분리할 수 없는 하나의 상태로 존재한다.

여기까지는 성부와 성자와 성령 하나님이 다르면서도 분리할 수 없는 하나의 상태로 존재해야하는 성경적인 하나님의 삼위일체교리와 완벽하게 일치한다. 이것으로 '하나님의 삼위일체교리'를 충분히 증거하는 것이라면, 이는 신비하지 않는 누구나 다 알 수 있는 평범한 상식일 뿐이다.

그러나 '촛불 비유'로 성경적인 '하나님의 삼위일체교리'를 충분히 증거할 수 없는 것은 '촛불'을 끄면 '빛'과 '열'도 동시에 없어진다. '빛'과 '열'은 '촛불'에 종속되어 있기 때문이다. '촛불'과 '빛'과 '열'이 서로에 대하여 독립적으로 존재할 수 없는 것이다. 이점 때문에 '촛불'을 비유로 해서는 성경적인 '하나님의 삼위일체교리'를 모순 없이 설명할 수 없다.

d. 파동과 입자

빛은 '파동'과 '입자'로 구성되어 있다. 빛의 속도는 1초에 지구를 7바퀴 반 돈(약 30만km/초)다. 그리고 전파의 속도도 빛의 속도와 완전히 같다. 문제가 되는 것은 전파는 '파동'으로만 되어있고 빛을 구성하고 있는 요소 중의 '입자'는 없다는 점이다.

'입자'란 질량과 체적이 있는 물리적인 물질이다. 이러한 '입자'가 있는 빛과 '입자'가 없는 파동의 속도가 완전히 같다는 것이다. 이는 마치 100m를 10초에 주파하는 단거리 선수가 쌀을 20kg을 지고 뛰어도 동일하게 100m를 10초에 뛸 수 있다는 것과 같은 의미이다. 이것이 사실이라면 이는 정상적인 이성으로는 전혀 있을 수 없는, 신비한 현상일 것일 뿐 아니라 '에너지 총량'의 열역학의 법칙에도 모순되는 논리다. 빈 차로 갈 때나 짐을 싣고 갈 때나 연료가 동일하게 소모된다는 논리다.

'빛'과 '파동'의 속도가 같을 수 있는 유일한 방법은 '빛'을 구성하고 있는 '입자'가 있기는 있는데 없는 것과 완전히 같지 않으면 가능하지 않다. 달리기 선수도 쌀 20kg을 지고 뛰기는 뛰지만 쌀을 전혀 지지 않은 상태와 완전히 같지 않아서는 전혀 가능하지 않다. 따라서 '빛'과 '파동'의 속도가 같으려

면,

첫째 빛을 구성하고 있는 '파동'과 '입자'가 각각 갖고 있는 자신의 고유의 속성을 변함없이 그대로 견지하면서

둘째 서로에게 아무런 영향을 끼치지도 않을 뿐 아니라 상대에게서 어떤 영향도 받지 않아야 하고

셋째 '파동'과 '입자'가 분리할 수 없는 하나의 상태로 존재해야만 가능하다.

빛을 구성하고 있는 '파동'과 '입자' 중에서 '파동'은 자신의 고유의 속성대로 1초에 30만km를 진행한다. 질량과 체적이 있는 '입자'는 전혀 움직일 수 없다. 그러나 '입자'는 자신의 고유의 속성을 갖고 있으면서도 '파동'의 고유의 속성에 아무런 방해를 하지 않으면서, 분리할 수 없는 하나의 상태로 '파동'과 결합되어 있다. 그렇기 때문에 '파동'이 진행할 때 '입자'도 함께 진행한다. 그래서 빛의 속도와 전파의 속도가 같다.

e. 성경=하나님의 말씀

하나님은 자신이 각기 자신의 고유의 속성을 갖고 있는 별개의 독립된 성부·성자·성령 하나님이시면서 분리할 수 없는 하나의 상태인 삼위일체로 존재하심과 같게 빛을 '파동'과

'입자'로 설계하셨다는 것을 성경은 "하나님은 빛이시라."(요일1:5)라고 말씀하셨다.

이러한 빛의 속도에 있어서 '파동'과 '입자'의 결합 상태를 과학적으로 증거한 것이 아인슈타인의 상대성원리다. 성경은 일점일획도 오류가 없는 하나님의 말씀이다.

f. 파동+입자

현대 물리학에서 고유의 속성을 견지하면서 분리할 수 없는 하나의 상태로 존재하는 결합 형태를 '파동'이면서 '동시'에 '입자'라고 한다. 두 공간적인 물체가 전혀 변하지 않는 자신의 고유 속성을 견지하고 있으려면 같은 시간에 같은 공간에 존재할 수 없다. 시간이 같으려면 공간이 달라야 하고 공간이 같으려면 시간이 달라야 한다.

두 공간적인 물체가 자신의 고유의 속성을 그대로 견지하고 있는 물리적인 결합과 분리할 수 없는 하나의 상태로 결합한 화학적 결합이 함께 이루어져야 하는 빛에 있어서의 '파동'과 '입자'와 같은 결합 형태를, 같은 공간에 다른 시간에 존재하는 물리적인 물체를 시간만 같게 했다는 의미의 결합 형태가 '동시'이다. 그래서 '빛'은 '파동'이면서 '동시'에 '입자'이다.

g. 예수 그리스도의 부활

'파동'이 유리를 투과하는 데는 아무런 문제가 없지만 '입자'는 질량과 체적이 있기 때문에 유리를 투과할 수 없다. 그런데 '파동'과 '입자'로 구성된 빛은 유리에 구멍을 뚫지 않고도 투과하는 데 아무런 문제가 없다. '파동'은 자신의 고유의 속성대로 유리를 투과하고, '입자'는 유리를 투과하는 '파동' 고유의 속성을 방해할 수 없으면서도 분리할 수 없는 하나의 상태로 존재하기 때문에 '파동'이면서 '동시'에 '입자'인 '빛'이 유리를 투과하는 것이다.

예수 그리스도께서는 "제자들이 유대인들을 두려워하여 모인 곳에 문들을 닫았더니 예수께서 오사 가운데 서서 가라사대 너희에게 평강이 있을지어다. 이 말씀을 하시고 손과 옆구리를 보이시니 제자들이 주를 보고 기뻐하더라."(요20:19-20)라고 하심 같이 공간적인 부활하신 몸이 벽을 투과하여 방에 들어오신 것은, 부활하신 주님의 몸은 '영(靈)'이면서 '동시'에 '육체'인 '영체(靈體)'이기 때문이다.

영은 초월적 존재이기 때문에 자신의 고유의 속성대로 벽을 투과할 수 있으나 육체는 벽을 투과할 수 없다. 하지만 부활하신 주님의 몸은 영체이므로 부활하신 육체도 영을 방해할 수 없으면서 영과 분리할 수 없는 하나의 상태로 존재하기 때문에 벽을 투과한 것이다.

　예수 그리스도의 부활을 성경이 기록하는 목적은 "예수께서 제자들 앞에서 이 책에 기록되지 아니한 다른 표적도 많이 행하셨으나 오직 이것을 기록함은 너희로 예수께서 하나님의 아들 그리스도이심을 믿게 하려함이요 또 너희로 믿고 그 이름을 힘입어 생명을 얻게 하려 함이니라."(요20:30-31)의 말씀과 같이 주님을 믿게 하기 위함이다. 그러기 위해서는 사람들이 이해할 수 있게 써야 한다.

　현대에도 부활하신 주님이 벽을 투과하셨다는 성경의 증거가 사실이 아닌 비과학적이라고 주장하는 기독교 신학자들이 적지 않은 것을 보면 사도 요한이 본문을 기록하면서 부활하신 물리적 실체로서의 주님이 벽을 투과하신 사실이 이해가 되어서 쓴 것은 아닐 것이다. 현장에 없었던 도마도 부활하신 주님이 벽을 투과하여 들어오셨다는 것이 도저히 믿어지지 않아서 "내가 그 손의 못 자국을 보며 내 손가락을 그 못 자국에 넣으며 내 손을 그 옆구리에 넣어 보지 않고는 믿지 아니하겠노라"(요20:25)라고 했다.

　사도 요한도 부활하신 주님이 벽을 투과하신 사실이 도저히 이해가 되지 않아서 아마도 '문들을 닫았더니'는 빼고 싶었을 것이다. 그러나 자신으로서는 전혀 이해가 되지는 않지만 '문들을 닫았음'에도 불구하고 주님이 벽을 투과하시어 방에 들어오신 것이 사실이기 때문에, 설혹 다른 사람들이 믿지 않을지라도 어쩔 수 없이 기록한 것일 것이다.

부활하신 주님은 "내 손과 발을 보고 나인 줄 알라. 또 나를 만져보라 영은 살과 뼈가 없으되 너희 보는 바와 같이 나는 있느니라."(눅24:39)라고 하심 같이 공간적인 존재이시면서도 영과 같이 벽을 투과해서 방 안에 들어오셨다. 성경을 기록하는 사람이 이를 이해했든 이해하지 못했든, 성경이 증거하는 대로의 주님의 부활은 역사적 사실이다. 자신이 믿지 못한다고 역사적 사실이 바뀌는 것이 아니다. 주님 부활은 자신의 믿음과는 상관없이 객관적으로 존재하는 진리다. 예수 그리스도의 부활은 현대과학이 증거하는 역사적 사실이다.

h. 성자 예수

삼위일체에서의 세분 하나님을 성부 하나님과 성자 예수와 성령 하나님으로 이해하는 사람들이 많다. 예수는 마리아가 잉태하여 출산했으므로 신약부터 있었다. 구약에는 없었다. 그런데 하나님은 영원 전부터 영원 후까지도 변함없이 삼위일체 존재형태로 존재하신다. 따라서 성자 하나님을 예수라고 하면 성자 하나님은 구약에는 계시지 않은 분이 된다. 육신의 예수는 마리아의 아들이지 삼위일체의 성자 하나님이 아니다.

성자 하나님은 마리아가 잉태하여 출산한 육신의 예수 속에 임마누엘하고 계신 하나님이시다. 이렇게 보이지는 않지만 육신 예수 속에 내주하신 성자 하나님으로서의 예수를 성경은 육신의 예수와 구별하여 예수 이름(요1:12)이라고 한다. 영원 전부터 영원 후까지 계신 성자 하나님은 육신의 예수 속에 계신 예수 이름의 하나님 예수이시지 육신의 예수가 아니다.

4) 오직 성령

그림은 삼위일체 하나님의 존재 형태를 도식화한 것이다. 세분 하나님의 속성이 전혀 다르다는 의미를 삼각형의 세 꼭짓점을 성부, 성자, 성령으로 한 것이고, 그럼에도 분리할 수 없는 하나의 상태로 존재하시는 형태를 삼각형으로 표현한 것이다.

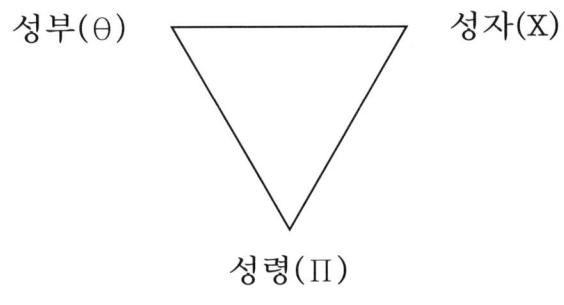

[그림 1. 롬 8:9-10]

a. 성부 하나님

성경의 증거로는 "하나님은 모든 사람이 구원을 받으며 진리를 아는데 이르기를 원"(딤전2:4)하신다. 그러려면 유일신이신 하나님은 한 분으로만 존재하셔야 인간이 이해하기가 쉽지 신비하게 삼위일체의 형태로 존재하셔서는 안 된다. 그래서 회교에서는 하나님의 삼위일체 신앙을 이단시하고 있는 것이다. 그렇다면 하나님께서는 모든 사람이 진리를 아는데 이르기를 원하심과도 모순되게 삼위일체로 존재하셔야 하는 하나님의 필연성이 있지 않으면 안 될 것이다.

성경의 증거로는 성부 하나님은 항상 천국에만 계실뿐 아니라 천국의 하나님 보좌에만 앉아계시지, 보좌에서 내려오신 적도 없으시다. 그러시다가 "만물을 저에게 복종하게 하신 때에는 아들 자신도 그때에 만물을 자기에게 복종케 하신 이에게 복종케 되리니 이는 하나님이 만유의 주로서 만유 안에 계시려 하심이라."(고전15:28)라고 하심 같이 주님께서 천국을 완성하신 후에야 보좌에서 내려오신다. 그래서 주님께서도 성부 하나님이 계신 장소를 말씀하실 때에는 항상 "하늘에 계신 우리 아버지여 이름이 거룩히 여김을 받으시오며"(마6:9)라고 하시고 또 "하늘에 계신 내 아버지"(마16:17)라고 하신 것이다.

성부 하나님은 천국 보좌나 천국을 떠나 세상에 오신 적이

한 순간도 없으시다. 불변의 진리의 하나님은 항상 천국 보좌에만 계신다.

b. 성령 하나님

하나님의 신비한 삼위일체의 존재형태에 관하여는 성경이 계시하여 주시는 이상은 인간이 이해할 수 없지만, 성부 하나님의 이러한 이유 때문에 세상에서 하나님의 사역을 하셔야 하는 성부 하나님이 아닌 하나님이 계셔야만 한다. 이분이 성령 하나님이시다. 인간이 하나님의 삼위일체교리를 정립해야 하는 가장 중요한 이유는 성부나 성자 하나님의 문제가 아니라 성령 하나님이시다. 세분 하나님 중에서 세상에서 하나님의 역사를 하시는 분은 창초부터 세상 끝 날까지 항상 성령 하나님이시기 때문이다.

창조 사역을 실제로 하신 분도 "땅이 혼돈하고 공허하며 하나님의 신은 수면에 운행하시니라."(창1:2)라고 하심 같이 성령 하나님이시고, 예수님을 잉태케 역사하신 분도 "다윗의 자손 요셉아 네 아내 마리아 데려오기를 무서워 말라 저에게 잉태된 자는 성령으로 된 것이라."(마1:20)라고 하심 같이 성령 하나님이시고, 주님이 세상에서 사역하신 것도 "내가 하나님의 성령을 힘입어 귀신을 쫓아내는 것이면 하나님의 나라가 이미 너희에게 임하였느니라."(마12:28)라고 하심과 같이 성령 하나님이시다.

c. 오직 성령

하나님이 성령을 통해서만 세상에서 역사하심과 같이 인간도 "아들의 소원대로 계시를 받는 자 외에는 아버지를 아는 자가 없느니라."(마11:27)라고 하신 말씀처럼 성령의 역사 없이는 성부 하나님을 아는 것은 가능하지 않다. 성령의 역사 없이 하나님을 아는 것은 하나님을 아는 것이 아니다.

베드로가 예수님을 "주는 그리스도시요 살아계신 하나님의 아들이시니이다."(마16:16)라고 안 것에 대하여 주님께서 "바요나 시몬아 네가 복이 있도다. 이를 네게 알게 한 이는 혈육이 아니요 하늘에 계신 내 아버지시니라."(마16:17)라고 하심 같이 성령의 역사 없이는 누구도 성자 하나님이신 예수 그리스도도 알 수 없다. 성령의 역사 없이 나다나엘(요1:49)이나 도마(요20:28)가 주님을 메시아로 알아본 것은 주님을 안 것이 아니다. 마찬가지로 성령의 역사 없이 성경을 아는 것은 아는 것이 아니다.

하나님에 관한 한 어떤 경우에도 성령의 역사 없이는 인간은 아무것도 할 수 없다. 따라서 인간이 천국구원을 받을 수 있는 유일의 길도 성령의 역사 없이는 전혀 가능하지 않다는 것을 주님께서 "물과 성령으로 나지 아니하면 하나님의 나라에 들어갈 수 없느니라."(요3:5)라고 하셨다. 성령을 통하지 않고서는 누구도 천국에 들어갈 수 없다. 인간에게 있어서 가장 중요한 하나님은 성부나 성자 하나님이 아니라 성령 하나님이시다. 성령 하나님은 육신의 인간과 세상을 위한 '세상용 하나님'이시다. 그래서 인간에게 있어서는 '오직 성령'이다.

d. 삼위일체론 정립의 중요성

성경에는 어디에도 하나님의 삼위일체라는 단어는 없다. 그런데 성경은 "만일 너희 속에 하나님의 영이 거하시면 너희가 육신에 있지 아니하고 영에 있나니 누구든지 그리스도의 영이 없으면 그리스도의 사람이 아니라. 또 그리스도께서 너희 안에 계시면 몸은 죄로 인하여 죽은 것이나 영은 의를 인하여 산 것이라."(롬8:9-10)라고 하심과 같이 하나님의 영을 그리스도의 영으로, 그리스도의 영을 그리스도와 동일한 존재로 하나님의 삼위일체교리에 일치하게 기록하고 있다. 오히려 삼위일체라는 단어가 없기 때문에 하나님의 삼위일체론의 정립이 더 중요하다. 삼위일체교리를 어떻게 정립하고 있느냐에 따라 성경이 달리 보이기 때문이다.

기독신앙에 있어서 가장 절대적인 문제인 구원론이 '성령 침례론'으로 정립하지 못하고 '피복음'으로 잘못 정립하게 된 가장 근본적 이유 중 하나가 '하나님의 삼위일체교리'를 성경적으로 올바로 정립하지 못했기 때문이다. 하나님께서 세상에서 사역하시는 것은 언제든지 성령 하나님이시기 때문에 하나님이 메시아로 인간을 구원하시는 것은 신약(마3:11)에서는 물론 구약에서도 항상 성령 하나님(창6:3)이시지 성부나 성자 하나님의 피가 아니다.

5) 복음서 신학과 서신서 신학

기독교는 예수 그리스도를 믿는 신앙(요3:16)이다. 기독교의 복음과 신학은 "믿음은 들음에서 나며 들음은 그리스도의 말씀으로 말미암았느니라."(롬10:17)의 말씀처럼 반드시 복음서로 정립한 복음서 신학이어야 한다. 서신서로 정립한 서신서 신학이어서는 절대로 안 된다.

기독교가 안고 있는 가장 심각한 오류 중 하나가 복음과 신학을 복음서로 정립하지 못하고 서신서로 정립하고 있다는 점이다. 더 심각한 문제는 이런 사실을 전혀 깨닫지 못하여, 기독교의 복음이나 신학이 서신서 신학으로 정립하고 있다는 사실조차 자각하지 못하고 오히려 복음서로 정립하고 있다고 착각하고 있는 것이다. 그래서 기독교는 유대교의 율법주의적인 종교의 한계를 벗어나지 못하고, 유대교가 구약성경을 기준으로 한 율법주의의 종교인 것처럼 기독교는 신약성경을 기준으로 한 율법적인 종교가 된 것이다.

a. 다른 복음

기독교는 교회가 처음 시작했던 초대교회 때부터 "우리나 혹 하늘로부터 온 천사라도 우리가 너희에게 전한 복음 외에 다른 복음을 전하면 저주를 받을지어다."(갈1:8)의 말씀처럼 '다른 복음'의 문제를 안고 있었다. '다른 복음'이란 복음으로 보이는데 실제로는 복음이 아니라는 말이다. 복음과는 아무 상관이 없는 이방 종교의 교리라는 말이 아닌 것이다. 기독교의 복음 같지만 실제로는 기독신앙적 복음이 아닌 '다른 복음'인 '이단'이란 말이다.

그 '다른 복음'(갈1:8)이란 "이제 내가 사람들에게 좋게 하랴 하나님께 좋게 하랴 사람들에게 기쁨을 구하랴 내가 지금까지 사람의 기쁨을 구하는 것이었더면 그리스도의 종이 아니니라."(갈1:10)라는 말씀과 같이 신관계와 인간관계의 문제이다. 기독교가 하나님을 믿는 것으로 보이지만 실제에 있어서는 인간관계가 절대이고 하나님은 무신종교에서와 같이 인간관계를 강제하기 위한 당근과 채찍의 수단에 머물러있는 유대교나 회교와 같은 유신종교라는 말이다.

b. 피복음

인간관계에 있어서는 인간의 도덕적인 의와 죄가 문제의 핵심일 수밖에 없다. 초대교회 때부터 "알렉산드리아에서 난 아볼로라 하는 유대인이 에베소에 이르니 이 사람은 학문이 많고 성경에 능한 자라. 그가 일찍 주의 도를 배워 열심으로 예수에 관한 것을 자세히 말하며 가르치나 요한의 침례만 알 따름이라.(행18:24-25)의 말씀처럼 예수를 말하면서 내용은 요한의 침례를 전한 것이 예수의 복음으로 포장된 '다른 복음'의 핵심이다.

아볼로가 알고 전한 예수 믿고 구원 얻는 조건의 내용이 "죄 사함을 얻게 하는 회개의 침례"(눅3:3)의 요한의 침례와 같다고 잘못 전했다는 말이다. 그래서 브리스길라와 아굴라가 아볼로에게 신관계가 절대인 그리스도의 복음인 "하나님의 도" (행18:26)를 자세히 풀어서 알려준 것이다.

기독교의 구원론이 예수의 보혈로 죄 사함을 받는다는 '피복음'이라면 주님은 성육신(成肉身)하실 필요가 없다. 죄 사함의 문제는 주의 길을 예비한 침례요한까지의 종교적인 구약의 문제다. 그래서 주님께서도 "모든 선지자와 및 율법의 예언한 것이 요한까지"(마11:13)라고 하셨다. '피복음'은 구약적이지 신약적 구원론이 아니다. '피복음'은 예수복음으로 포장한 인간관계가 절대인 '다른 복음'이지 신관계가 절대인 성경적 참 복음이 아니다. 기독교는 초대교회 때부터 이미 인간관계가 절대인 인간의 본능 때문에 '피복음'의 '다른 복음'으로 변질되는 문제를 안고 있었다.

c. 성자(聖子) 예수

예수가 십자가에서 흘린 피가 시간과 공간과 대상을 초월해서 모든 사람의 죄를 사하는 능력이 있기 위해서는 피 자체가 신비한 초능력이 있어야 한다. 이 피는 '피복음' 자들이 믿고 있는 '보혈의 능력'의 피다. 이렇게 예수가 흘린 피가 '보혈'이기 위해서는 이 피를 흘린 예수의 육신 자체가 하나님이 아니면 성립할 수 없다. 그래서 '피복음'의 논리를 정당화하기 위해서는 예수의 육신이 하나님이 아니면 안 되게 된 것이다. 그때문에 '피복음'에서는 삼위일체교리상의 성자 하나님을 예수의 육신 자체가 하나님이신 '성자 예수'로 해석한 것이다.

d. 영원한 동정녀 마리아

'피복음'이 성경적 구원론이라면 예수의 육신은 반드시 삼위일체교리상의 성자 하나님이 아니면 안 된다. 마리아가 잉태하여 출산한 육신의 예수가 성자(聖子) 하나님이면 아들 하나님을 출산한 마리아는 당연히 어머니 하나님인 성모(聖母) 하나님이어야 한다. 이렇게 마리아가 어머니 하나님이라면 성령으로 성자 하나님을 잉태하고 출산한 것은 있을 수 있을지 모르지만 하나님 어머니가 인간과의 육적관계를 통해 육신의 자식들을 낳았다는 것은 있을 수 없다. 그래서 '피복음적'인 성경적 구원론이라면 마리아는 영원한 동정녀로서 '성모 하나님'이 아니면 안 된다.

e. 로마 가톨릭의 신학

'피복음'이 성립하려면 당연히 하나님 마리아는 성자 예수만 출산했을 뿐이지 다른 육신의 자식들을 낳지 않은 영원한 동정녀이어야 한다. 따라서 예수님은 육신의 동생들이 있어서는 안 된다. 당연히 '피복음적'인 구원론으로 정립하고 있는 로마 가톨릭에 있어서의 마리아는 '영원한 동정녀'이어야 하는 것이다.

그런데 복음서에는 예수의 육신의 많은 동생들이 여러 번 등

장한다. 복음서에 기록하고 있는 예수님의 육신의 동생들을 이복동생이나 사촌동생으로 해석하는 것도 문맥상 맞지 않기 때문에 결국 로마 가톨릭에서는 마리아의 '영원한 동정녀 교리'를 고수하기 위해 복음서를 읽지 못하게 했었다. 그래서 로마 가톨릭의 복음과 신학은 필연적으로 복음서가 아닌 서신서로 정립하게 됐다.

서신서적인 '피복음'이 기독교의 구원론이라면 하나님의 존재 형태는 성부·성모·성자·성령 하나님의 '4위일체'이어야 하지 '삼위일체'이어서는 안 된다.

f. 개신교의 신학

마틴 루터를 비롯한 초기의 종교개혁자들은 하나 같이 로마 가톨릭의 사제들이었기 때문에 당연히 그들은 서신서로 복음과 신학을 정립한 사람들이었다. 이들에 의해 개혁된 개신교는 외형상으로는 개혁된 것으로 보이지만 복음이나 신학적인 내용면에서는 전혀 개혁이 되지 않았다. 그래서 모든 개신교의 복음과 신학도 로마 가톨릭과 마찬가지로 복음서신학으로 정립하지 못하고 '피복음적'인 서신서 신학의 교회가 된 것이다.

g. 복음서와 서신서

모세 5경을 떠나서는 구약은 해석해서도 안 되고 할 수도 없는 것과 마찬가지로 4복음서와 사도행전의 신약 5경을 떠나서는 서신서를 해석해서도 안 되지만 할 수도 없다. 그럼에도 불구하고 기독교는 서신서 신학으로 정립한 것으로 복음서를 해석해왔다. 실제로는 서신서로 정립된 신학으로 복음서를 해석하고 있으면서도 자신들은 복음서로 정립한 신학이라고 착각하고 있는 것이다.

신약성경의 구조는 복음서에서 기독신앙의 복음과 신학을 정립한 다음 그 원리대로 사도행전에서 성령으로 중생한 교회가, 실제로 신앙생활을 하면서 적용한 것이 서신서이다. 수학으로 비유하면 복음서는 수학 공식을 정립한 것이고 서신서는 이 공식을 이용하여 응용문제를 푸는 것이다.

이렇게 복음서는 원리를 정립한 것이기 때문에 주님께서 십자가에서 돌아가시면서 "다 이루었다."(요19:30)고 하신 것이다. 복음서가 기독교가 이해하는 것과 같이 예수의 삶을 닮자는 제자훈련을 위한 적용을 다룬 것이라면 주님은 30년이 아니라 1,000년을 살았어도 '다 이루었다' 고 말씀하실 수 없다.

지금까지 기독교가 하나님의 삼위일체교리를 성경적으로 올바로 정립하지 못했을 뿐만 아니라 이에 관한 정당한 의문을 제기조차 못하고 있었던 가장 근본적인 이유는 복음과 신학을 서신서적으로 정립했기 때문이다. 서신서를 기준으로해서는 절대로 하나님의 삼위일체교리는 누구도 정립이 가능하지 않다. 기독교가 아직까지도 하나님의 삼위일체교리를 성경적으로 올바로 정립하지 못하고 있다는 것이 기독교의 복음과 신학이 복음서적이 아니라 서신서적이라는 객관적 증거다.

h. 성령을 받으라

주님께서 부활하시어 제자들에게 나타나셔서 제자들을 향하여 숨을 내쉬며 "성령을 받으라"(요20:22)고 하셨다. 그래서 많은 그리스도인들은 성령 받기를 소원한다. 문제는 성령을 받는 의미와 목적에 있다.

대부분의 그리스도인들이 서신서 신학에 젖어 있기 때문에 성령 받기를 소원하는 이유가 방언을 한다든지 귀신을 쫓고 병을 치유하는 신유나 말씀을 깨닫고 전하기 위한 각종 은사적(고전12:4-11)인 면에만 초점이 맞추어져 있다. 그래서 성령을 받았다는 사람들도 어떤 이는 방언을 어떤 이는 병고치고 또 어떤 이는 예언을 하는 등 나타나는 은사들이 사람마다 다르다.

그러나 복음서에서 성령을 받은 사람이 행할 수 있는 능력의 정도는 서신서에서의 은사적인 능력과는 차원이 전혀 다르다. 주님께서 "내가 진실로 진실로 너희에게 이르노니 나를 믿는 자는 나의 하는 일을 저도 할 것이요 또한 이보다 큰 것도 하리니 이는 내가 아버지께로 감이니라."(요14:12)라고 하심 같이 서신서에서의 은사적 능력 정도가 아니라 주님이 하신 일뿐 아니라 오리려 그보다 더 큰 것도 할 수 있다고 하신다.

하나님의 삼위일체가 성부와 성자와 성령 하나님이 분리할 수 없는 하나의 존재형태라면 성령을 받는다는 것은 전능하신 삼위일체 창조주 하나님이 자신의 육신 안에 직접 들어오신다는 것이어야 한다. 자신이 전능하신 창조주 하나님이 된다는 것이다. 세상이 뒤집히는 사건이다. 이것이 서신서 신학과 다른 복음서 신학의 차이이고 또한 핵심이다.

성령을 받은 사람은 실제로 하나님이 되는 것이기 때문에 주님이 '성령을 받으라' 고 말씀하신 다음 성령 받은 사람에 대해서 "너희가 뉘 죄든지 사하면 사하여질 것이요 뉘 죄든지 그대로 두면 그대로 있으리라."(요20:23)라고 하셨다. 죄를 사할 수 있는 것은 "오직 하나님 한분 외에는 누가 능히 죄를 사하겠느냐."(막2:7)라는 말씀처럼 하나님 외에는 할 수 없다. 그런데 주님께서 성령을 받은 사람은 죄를 사할 수 있다고 하셨다. 성령 받은 사람은 하나님이라는 말씀이다.

하나님의 삼위일체교리가 중요하다고 믿고 있는 그리스도인이 성령 받는 것이 전능하신 창조주 하나님이 직접 자신의 육신 속에 들어오시어 자신이 하나님이 된다는 사실을 전혀 깨닫지 못하고 은사적인 능력에만 관심을 갖고 있다는 것이 복음서 신학으로 정립하지 못하고 서신서 신학으로 정립하고 있다는 가장 확실한 증거일 것이다. 성령을 받으면 자신이 하나님이 된다는 사실을 올바로 깨닫지 못하는 사람은 누구도 그리스도인이 아니다.

하나님은 어떤 경우에도 절대로 지옥에 가실 수 없다. 누구든지 성령을 받은 사람은 천국에 가기 싫어도 가지 않을 수 없다. 그래서 복음서가 증거하는 천국구원의 유일한 조건이 성령침례(요3:5)이다. 물론 서신서에서도 "누구든지 그리스도의 영이 없으면 그리스도의 사람이 아니라."(롬8:9)는 말씀처럼 누구도 성령 침례를 받지 못한 사람은 절대로 구원 받은 사람이 아니다.

i. 제2의 종교개혁

복음서 신학이 아닌 서신서 신학은 기독교의 복음도, 신학도 아니다. 기독교는 반드시 복음서 신학으로 다시 개혁되지 않으면 안 된다. 복음서 신학으로 된 교회가 아니면 주님의 교회가 아니다. 서신서 신학으로 정립한 복음은 '다른 복음'의 이단이다.

기독교의 구원론이 '피복음'이 된 중요한 이유 중 하나가 서신서 신학으로 정립했기 때문이다. 마틴 루터의 종교개혁 주제가 '오직 믿음'인 것처럼 기독신앙에 있어서의 믿음은 가히 절대라고 해고 과언이 아니다. 그런데 서신서적인 믿음은 "아브라함이 하나님을 믿으매 이것이 저에게 의로 여기신 바 되었느니라."(롬4:3)라는 말씀처럼 '의'와 관계된 믿음이고, 복음서적인 믿음은 "진실로 너희에게 이르노니 너희가 만일 믿음이 한 겨자씨만큼만 있으면 이 산을 명하여 여기서 저기로 옮기라 하여도 옮길 것이요 또 너희가 못할 것이 없으리라."(마17:20)는 말씀대로 '능력'과 관계된 믿음이다. 서신서적인 믿음으로는 '피복음'으로 귀착하게 될 수 있는 것이고 복음서적인 믿음으로는 전능하신 하나님이 되게 되는 것이다.

기독교는 반드시 복음서 신학으로 다시 제2의 종교개혁이 되지 않으면 안 된다. 복음서 신학으로 정립하지 못한 서신서 신학의 기독교는 기독교가 아니다. 여전히 유대교에 머물러있는 제2의 유대교일 뿐 주님의 교회가 아니다.

4장
인간론

인간이 인간을 바로 알지 못하고서는 아무것도 제대로 할 수 있는 것이 없을 것이다. 그래서 소크라테스도 '너 자신을 알라'고 했다. 세상에서 어느 누구보다 사람을 가장 정확히 잘 알 수 있는 것은, 사람을 설계하시고 창조하신 하나님의 말씀만이 절대인 기독교이어야 마땅하다.

1) 인간의 정체성
인간의 정체성을 규정하는 학설에는 세 가지가 있다.

a. 물리적(物理的) 인간
물질에서 우연히 단세포 생명체가 형성됐다는 진화론으로 정립한 유물사관적(唯物史觀的)인 인간은 형이상학적(形而上學的)인 영혼은 없는 형이하학적(形而下學的)인 물질로만 구성된 물리적인간이다. 물리적 인간은 인간의 모든 육적 활동은 물론 정신적 활동도 육체의 물리화학적 작용의 결과로만 이해한다. 이것이 대부분의 현대의학의 근간을 이루고 있는 학문적인 논리다.

b. 이분설적(二分說的) 인간

일반적으로는 인간을 정신활동의 요소로서의 형이상학적인 영혼과 육체활동의 요소로서의 형이하학적인 육체의 이중체로 구성된 존재로 이해한다. 이것을 신학적으로 '이분설'이라고 한다. 동물의 경우도 형이상학적인 요소와 형이하학적인 요소가 있으므로 이중체의 이분설적으로 이해할 수 있다.

c. 삼분설적(三分說的) 인간

성경적 인간은 "평강의 하나님이 친히 너희로 온전히 거룩하게 하시고 또 너희 온 영과 혼과 몸이 우리 주 예수 그리스도 강림하실 때에 흠 없게 보전되기를 원하노라."(살전5:23)라고 하심 같이 영과 혼과 육의 3요소로 구성된 존재다. 이것을 신학적으로 '인간의 삼분설'이라고 한다.

성경은 인간의 정체성을 영혼과 육체의 '이분설적'으로도 또 본문에서와 같이 '삼분설적'으로도 말씀한다. 인간의 육체를 고체와 액체와 기체로 구분하는 것이야 어렵지 않지만, 전혀 보이지 않는 형이상학적인 정신활동의 요소인 영혼을 영과 혼으로 구분하기란 쉽지 않다. 그러나 성경은 이를 반드시 구분하지 않으면 안 된다고 요구하고 있는 대표적인 예가 본문이다.

반드시 인간을 '삼분설적'으로 정립하지 않으면 안 되는 것은, 첫째는 성경이 '삼분설적'으로 정립한 사람만이 읽을 수 있도록 기록되어 있기 때문이다. 성경은 '이분설적'으로 정립한 사람은 읽을 수 없다. 둘째는 '삼분설'로 정립하지 못하면 동물도 '이분설적'인 존재이기 때문에 인간의 조상이 동물이라는 진화론적 논리가 된다. 사람을 '삼분설적'으로 정립하지 못하면 창조론이 아니다.

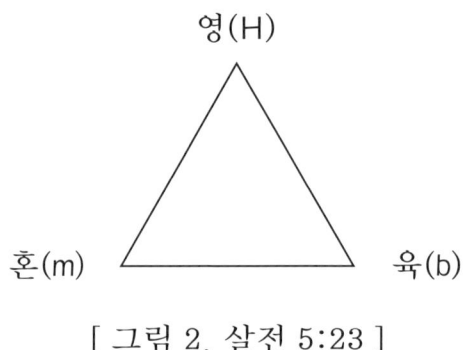

[그림 2. 살전 5:23]

d. 영=인간

인간이 동물과 구별되는 것은 동물은 육과 혼만 있는 존재이고 인간은 육과 혼뿐 아니라 동물이 없는 영이 있는 존재다. 따라서 인간의 인간됨은 영에 있다. 영이 인간이다. 영을 모르면 인간을 모른다.

2) 초월적(超越的) 존재

영은 인간의 오감으로는 물론 X-ray 촬영으로도 확인이 전혀 불가능한 초월적 존재다. 그래서 영은 영 자신이 알려주지 않으면 인간으로서는 알 수 없다. 영을 계시한 유일한 근거는 성경뿐이다. 영에 관한한 성경을 떠나서는 어떤 방법으로도 전혀 논할 수 없다. 이러한 초월적인 영이 인간의 육신 속에 실제로 있다는 것을 증거하지 못하면 '삼분설적'인 성경적 인간론은 허구일 것이다.

물질계를 초월한 전능하신 영(요4:24)이신 창조주 하나님이 존재하지 않기 때문에 생명체의 근원이 물질이라는 진화론적 논리로서는 인간의 육신 속에도 초월적인 영이 있다는 '삼분설적 인간'은 있을 수 없다. 그러므로 창조론과 진화론의 보다 실제적인 논쟁의 초점은 현실적으로 명확히 증거할 수 없는 생명체의 기원에 관한 문제보다는 현재의 인간 속에 영이 있느냐 없느냐의 규명에 있어야 한다. 창조론이 과학적인 진리라면 인간 속에 성경대로 영이 있을 것이고, 진화론이 과학적 진리라면 영은 한 순간도 세상과 육신의 인간 속에 있을 수 없을 것이다.

a. 영적 본능

만일 어떤 개가 소 뼈다귀보다 TV에서 방영하고 있는 '타이타닉' 영화에 더 관심이 있다면, 이 개는 겉보기에는 개이지만 속에는 사람의 마음이 들어있다고 보는 것이 타당한 생각일 것이다. 같은 원리로 인간의 속에 실제로 초월적인 영이 없으면 – 화면의 영화는 그림이라도 보이지만 초월적 영은 전혀 보이지도 않기 때문에 – 인간은 어떤 경우에도 초월적 존재인 영에 전혀 관심이 있을 수 없다.

부모가 살아 계실 때 잘 섬기던 사람보다 구박하던 자식이 더 장사를 잘 지낸다고 한다. 부모가 살아계실 때에는 능력이 없어서 구박하던 자식이 돌아가신 후에는 초월적 능력자가 됐다는 영적 본능 때문에, 육신으로 살아계실 때보다 돌아가신 부모가 더 두려워진 것이다. 헤롯왕은 자신을 비난하는 침례요한으로부터 자유로워질 것으로 생각하여 그를 참수했다. 하지만 그는 인간이 갖고 있는 어쩔 수 없는 영적 본능 때문에 침례요한이 초월적인 존재인 예수로 다시 살아났다는 공포에 오히려 더 시달린다.(막6:14-29)

b. 영혼 일탈

의학적으로는 육신의 인간은 숨이 끊어지고 4분이 지나면 다시는 회생할 수 없다고 한다. 4분 이상 산소 공급이 중단되면 뇌세포가 완전히 파괴되기 때문이다. 그런데 세상에는 의학적으로 전혀 있을 수 없는 일이 종종 발생하고 있다. 죽은 지 4분이 아니라 몇 시간, 심지어는 며칠이 지나 다시 살아나는 사람들이 실제로 상당수에 이른다. 이런 사례들을 TV에서 취재하여 방영하기도 했었다.

어떤 노인이 공중목욕탕에서 잠이 들었다가 사망했었다. 이런 분이 앰뷸런스에 실려 응급실로 이송된 후에 다시 살아났다. 이 분은 육신에서 자신의 영혼이 일탈하여 목욕탕에서 병원으로 이송되는 자신의 육신을 지켜보면서 함께 따라 응급실에 가서 다시 몸속으로 들어갔다는 것이다. 그가 일탈하여 보고 들은 모든 것의 진술이 실제로 행해졌던 과정과 완전히 일치한다. 영혼이 육체를 초월해서 존재하고 있지 않았으면 의학적으로는 물론 현실적으로도 도저히 있을 수 없는 일이다.

c. 우상 숭배

서당개 3년이면 풍월을 읊는다는 속담이 있다. 그러나 3년이 아니라 10년을 훈련시켜도 개는 고사를 지내거나 기도 등의 영적인 활동은 전혀 하지 못한다. 영이 없는 개로서는 초월적 존재를 의식할 수 없기 때문이다. 그러나 인간은 고대부터 초월적인 신을 의식하는 본능이 있어서 우상을 만들어 숭배해 왔다는 증거들이 세계의 여러 곳에 산재해있다.

　과학이 극도로 발달한 현대의 과학문명시대에도 오히려 우상을 숭배한다거나 점을 치는 등의 영적인 일들이 더 번성하고 있다. '해리포터' 라는 소설이 전 세계의 베스트셀러가 됐다. 물론 작가가 소설을 잘 썼기 때문이겠지만, 이 소설에 공상세계의 영적 요소가 없었어도 가능했을까? '삼국지'가 오랫 동안 지속적으로 많은 사람들이 애독하는 것이 '축지법'과 같은 비 이성적인 영적 요소들 때문이 아닐까? 소설을 쓰는 작가들이 반드시 고려해야 하는 인간의 영적 본능의 요소다.

d. 언어 구사

　이 외에도 인간의 육신 속에 초월적인 영이 실제로 있다는 증거들은 무수히 열거할 수 있지만 가장 객관적인 일반적인 증거는 인간이 언어를 구사한다는 점이다. 생각과 동시에 말하는 것이다. 아무리 컴퓨터가 발달해도 인간과 같이 생각과 동시에 표현하게 할 수는 없다. 그래서 성경은 말씀을 '초월적인 영'(요1:1-3)이라고 말씀하는 것이다.

　영이 없는 동물은 절대로 인간과 같이 언어를 구사할 수 없다. 영적 역사 없이 동물이 인간의 말을 한다는 것은 있을 수 없다. 나귀가 인간의 말을 할 수 있었던 것도 "여호와께서 나귀 입을 여시니 발람에게 이르되 내가 네게 무엇을 하였기에 나를 이같이 세 번을 때리느뇨?"(민22:28)라고 말씀하심 같이 영적 역사로만 가능한 것이다.

생명공학자들이 여러 동물들을 복제하는 것처럼 사람도 복제를 하여 머지않아 육신으로 영생을 하게 되는 시대가 도래할 것으로 여기는 사람들이 생겼을 뿐 아니라 사람 복제에 따른 여러 가지 윤리적인 문제로 세상이 떠들썩하다. 물론 아무리 DNA가 완전히 일치하게 복제를 한다고 해도 동일한 생명체가 아니므로 실제에 있어서의 생명체 복제란 불가능한 것이지만, 설혹 인간을 복제한다고 해도 초월적 존재인 영은 인간으로서는 복제할 수 없기 때문에 복제한 인간은 절대로 언어를 구사할 수 없다. 인간이 아닌 것이다.

3) 시공 초월

a. 시공 초월

영이 초월적 존재인 성경적 증거는 "주께는 하루가 천년 같고 천년이 하루 같은 이 한 가지를 잊지 말라,"(벧후3:8)라고 하심 같이 시간을 초월한 존재이기 때문이다. 어떤 경우에도 공간을 초월하지 않고는 시간을 초월할 수 없다. 이렇게 영은 시간과 공간을 초월한 존재이기 때문에 초월적 존재이다.

시공을 초월한 초월자이신 하나님께는 영원 전부터 영원 후까지 항상 현재다. 영의 세계인 천국과 지옥은 시간과 공간을 초월한 세계이다. 천국과 지옥에는 시계가 없다. 하나님께서 시간과 공간의 세계인 처음의 천지를 창조(창1:1)하시기 전까지와 땅과 하늘을 폐지(계20:11)하신 후에는 시공을 초월한 영적 존재와 영의 세계(계21-22장)만 존재한다.

b. 영존하는 영

어떤 것이든 "우리의 돌아보는 것은 보이는 것이 아니요 보이지 않는 것이니 보이는 것은 잠간이요 보이지 않는 것은 영원함이니라."(고후4:18)의 말씀과 같이 보이는 공간적인 존재는 시간의 제약을 받기 때문에 없어지지 않고 영존할 수 없다. 보이는 공간적 존재란 시간이 흐르면 변하는 존재이므로 논리적으로 어떤 것도 영원히 변하는 것이 계속되는 것은 있을 수 없다. 그래서 가시적인 시공적 존재인 온 우주 만물도 반드시 없어져야 한다.(계20:11) 아마도 이러한 성경적인 사실의 일부를 확인할 수 있는 것이 블랙홀이 아닌지 모르겠다.

영존하려면 보이지 않는 초 공간적 존재가 아니면 안 된다.

초 공간적 존재란 초 시간적 존재이고, 이는 시공을 초월한 영적 존재뿐이다. 하나님이 창조하신 피조물들 가운데 공간적 존재들은 어떤 것도 영존하는 것은 없다. 오직 초월적 존재인 영만이 영존한다. 영은 한번 창조되면 영원히 없어질 수 없다. 육신은 죽으면 썩어 없어지지만 자신의 영은 한번 창조되면 영원히 없어지지 않는 것이 오히려 문제다. 육신의 인간은 육신이 죽는 것으로 끝나는 존재가 아니다. 그래서 주님께서도 가룟 유다에게 "인자를 파는 그 사람은 차라리 나지 아니 하였더라면 제게 좋을 뻔 하였느니라."(마26:24)라고 하신 것이다. 천국 아니면 지옥에서 영생해야 하는 것이 문제인 것이다.

c. 영생본능

그리스도인은 누구나 육신 사후에 영원한 천국에서의 영원한 삶을 믿는다. 그러나 인간이 영생의 본능이 있는지를 확인하기 위해서라면 그리스도인이 아닌 사람들이 영생을 믿는 본능이 있다는 것으로 증거하여야 한다.

불교의 중요한 교리 중 하나가 윤회설(輪回說)이다. 사람이 죽음으로 끝나는 것이 아니라 개미로 다시 태어난다는 논리다. 이런 웃지 못할 교리가 있는 것은 불교가 초월적인 영이나 사후의 세계를 믿지 않는 무신종교이기 때문이다. 즉 불교에는 사후의 영생의 교리가 성립할 수 없다. 윤회설은 인간이 갖고 있는 부인할 수 없는 영생본능에 대한 우회적인 교리다. 인간의 육신 속에 영생하는 영이 없으면, 인간에게는 절대로 영생을 믿는 본능이 있을 수 없다. 인간에게 영생을 추구하는 본능이 있다는 것은 시간을 초월한 영이 있다는 객관적 증거다.

죽지 않으려는 생존본능과 영생을 추구하는 영생본능은 같은 것이 아니다. 동물들이 죽지 않으려고 안간힘을 쓰는 것은 모든 생명체가 갖고 있는 생존본능이지 영생본능이 아니다. 오히려 영생본능은 육신 사후의 영생을 위하여 육신의 생존본능을 포기할 수 있다. 그래서 인간만이 순교가 가능한 것이다.

d. 육체의 부활

인간에게는 육체의 죽음으로 끝나는 것이 아닌 영생본능이 있다는 것을 가장 실제적이며 객관적으로 증거할 수 있는 경우가 육체부활의 문제다. 그리스도인들이야 주님의 부활을 믿는 사람들이니까 당연히 육체의 부활을 믿고 있지만, 문제는 비 그리스도인들이 육체의 부활을 믿는 본능이 있느냐가 문제이다.

옛날 왕들의 무덤은 무덤이라기보다는 땅 속에 지은 집이다. 그리고 그들이 쓰던 물건들도 함께 그 속에 넣었다. 육체가 부활하여 살아야 하기 때문이다. 육체의 부활을 믿지 않았었다면 썩어 없어질 육체를 위해 그렇게 했을 리가 없다. 또 애굽에 있는 어마어마한 피라미드는 한 사람의 무덤이다. 그 속에는 한 사람의 육신을 썩지 않도록 미라로 만들어 넣었다. 언젠가 육신이 다시 부활한다는 믿음 때문이다.

이렇게 인간은 누구나 육체의 부활을 믿는 본능이 있다. 다만 역사적으로 육체의 부활을 실제로 실현하여 증거하신 분은 예수 그리스도밖에 없었다.

e. 부활체의 인격

영생이 중요한 이유는 육신으로 살고 있는 현재 자신의 인격이 그대로 영생하느냐의 문제이다. 개미의 인격으로라면, 부활체는 나와 아무런 상관도 의미도 없는 존재인 것이다. 성경적인 육체의 부활이 증거하는 중요한 의미 중 하나가 현재의 인격이 그대로 영생한다는 것이다. 그래서 부활하신 주님이 제자들을 알아보신(요21:15) 것이고, 지옥에 있는 부자가 생전에 알고 있던 나사로를 알아보는 것이다.(눅16:23)

하나님이나 천사의 인격의 주체가 영인 것처럼 성육신하신 예수 그리스도나 인간의 인격의 주체는 – 영혼 일탈 사건으로도 알 수 있듯이 – 영이지 육이 아니다. 그래서 영이신 하나님과의 인격적 교제는 영적으로만 가능하다. 육적으로는 전혀 가능하지 않은 것이다.

f. 시공 초월의 인간

인간 안에 시공을 초월한 영이 실제로 있다는 객관적 증거는 인간은 과거 지향적이고 미래 지향적 존재라는 점이다. 대체로 인간은 현재만이 가장 중요하다고 생각하기 쉽지만 때로는 현재보다 과거나 미래가 더 중요하다. 과거나 미래를 위해서 현재를 포기하고 죽을 수도 있는 존재가 인간이다. 시공을 초월한 영이 내주하고 있기 때문이다.

하나님이 육신의 인간을 시공을 초월한 영이 내재한 존재로 창조하신 것은 육신 사후의 영생을 사모하여 천국을 위해 오늘을 살게 하기 위함이다. 그래서 현재의 육신의 삶만을 위해 사는 사람을 성경은 "본래 잡혀 죽기 위하여 난 이성 없는 짐승 같은"(벧2:12) 존재라고 하시는 것이다. 인간은 동물과는 다른 영적 존재이기 때문에 누구나 현재를 부인하고 영원한 천국을 사모하는 본능을 갖고 있다. 어떤 사람도 이성이 마비되지 않은 한 영생의 본능이 없는 사람은 없다.

4) 완전 자유자

영은 시공을 초월한 존재이기 때문에 이런 측면에서 물리적으로 완전한 자유자다. 그렇기 때문에 인간이 누리려는 자유와 동물이 누리는 자유는 본질적으로 다르다. 동물은 육적으로만 자유하는 것으로 충분할 수 있지만 인간은 육적인 자유만으로는 만족할 수 없는 존재다. 인간은 아무리 육적인 자유를 누려도 마음에 자유가 없으면 자유한 것이 아니다. 마음까지 자유할 수 있어야 자유한 것이다.

영이 없는 동물과는 달리 인간은 완전 자유자인 영이 육신 속에 있기 때문에 완전 자유가 아니면 안 되는 존재이다. '자유가 아니면 죽음을 달라'고 하리만큼 자유가 아니면 죽음을 선택하는 것이 인간이다. 이는 인간의 영적 본능 때문이지 육적 본능 때문이 아니다. 이렇게 성경적인 '삼분설적 인간'을 올바로 정립하면 인간을 아는 실제적인 깊이와 정도가 더욱 분명해진다.

5) 영의 종류

영의 종류는 하나님의 영인 성령과 천사와 인간의 육신 속에 있는 심령(마5:3)의 세 가지가 있다. 그리고 영에 관한 것은 이 세 가지로만 분류하여 아는 것으로 충분하다.

a. 성령

성령은 삼위일체 하나님의 제3격인 하나님의 영이다. 전지전능하신 창조주 하나님께서 세상에서 행하시는 모든 사역을 실제로 담당하시는 하나님의 영이다. 그래서 성령 하나님을 통하지 않고는 하나님도 육신의 인간과 세상에 아무 것도 하실 수 없고, 인간도 성령 하나님의 역사 없이는 하나님과 관계된 어떤 것도 알 수도 할 수도 없다. 그래서 '오직 성령'이다.

b. 천사

하나님이 초월적인 영 자체로서 독립적으로 존재하도록 창조하신 모든 신적 존재들은 전부 천사들이다. 일반적으로 천사라고 하면 가브리엘이나 미가엘과 같은 좋은 천사들만 생각하기 쉽지만 타락한 천사들인 마귀나 귀신이나 악령들도 있다.

하나님이 창조하신 천사들은 많기 때문에 성경이 '천사장'(살전4:16)이나 '천사장 미가엘'(유1:9)이라고 말씀하시므로 좋은 천사에는 계급이 있는 것으로 이해하는 것이 옳다. 마귀의 세계에 있어서도 귀신의 왕 바알세불(마12:24)이라고 유대인들이 표현하는 경우가 있어서 계급이 있는 것으로 이해하기 쉽다. 이를 성경적으로 정확히 구분할 수는 없지만 주님께서는 사단이나 마귀나 귀신이나 악령의 신분이나 계급을 구분하여 사용하시지 않는다.(눅13:10-17) 사단은 마귀나 귀신이나 악령의 히브리어이지 귀신의 계급을 칭하는 표현이 아니다.

c. 인간의 영

천사와 인간의 영의 차이는 천사는 영적 존재 자체를 독립적으로 존재하도록 창조하신 것이고 인간의 영은 인간의 육신이 모태에 잉태되는 순간마다 하나님이 창조하시어서 개별적으로 육신 속에 넣으신 영이다. 혹자들은 구원받은 인간의 영은 육신이 죽은 즉시 천국에 들어가지만 구원받지 못한 사람의 영은 귀신이 되어 세상에서 떠다닌다고 해석하는 경우도 있는 것 같다. 그러나 인간의 영과 천사는 전혀 다른 존재이지 인간의 영이 천사로 바뀐다고 생각하는 사람은 영의 종류를 성경적으로 올바로 정립하지 못한 것이다.

인간의 영은 부자와 나사로(눅16:19-31)의 예로 주님이 잘 증거해 주신 것처럼 육신이 죽으면 육신에서 나오는 즉시 천국이나 지옥으로 간다. 귀신이 되어 세상에 남아있다가 나중에 지옥으로 가게 되거나, 또는 로마 가톨릭의 주장처럼 연옥에 대기하고 있다는 것은 전혀 성경적인 영성(靈性) 신학이 아니다. 인간의 영은 시공을 초월한 존재이기 때문에 육신에서 빠져나오자마자 천국 아니면 지옥으로 직행(계20:12-15)한다.

6) 혼의 기능

인간의 영이 인간의 모든 것의 근원이기 때문에 인간의 영을 바로 알지 못하고서는 인간의 혼은 물론 육도 제대로 알 수 없다.

a. 감지(感知)

인간은 시각(視覺), 청각(聽覺), 후각(嗅覺). 미각(味覺), 촉각(觸覺)의 오감을 통해 모든 사물을 감지한다. 누구든지 자신이 직접적으로 감지한다고 느끼는 곳은 오감의 말초신경일 것이다. 그러나 실제로 감지하는 곳은 오감의 말초신경에서가 아니라, 의학적으로 뇌라는 것은 누구나 다 아는 상식이다. 자신이 직접 느끼기에는 오감의 말초신경임에도 불구하고 이를 감지하는 것이 뇌라고 이해하는 것은, 아무리 뜨거운 물에 손을 대도 손에서 뇌로 연결된 신경(이하 통로신경)을 끊으면 뜨거움을 전혀 느끼지 못하기 때문이다. 그래서 의학적으로는 감지의 최종적인 인식 기능이 말초신경에 있지 않고 뇌에 있다고 설명한다.

이러한 감지에 관한 의학적인 설명에는 상당한 모순이 생길 수 있다. 최면을 걸어서 평소에 감지하는 기능과는 전혀 다르게 신 레몬을 단 복숭아로 감지하게 할 수 있다. 만일 말초신경에서 감지한 것을 최종적으로 인식하는 곳이 의학적인 설명에서처럼 뇌에서라면, 최면술로 뇌를 물리적으로 수술한 것이 아니고는 이렇게 감지의 기능이 바뀐다는 것은 있을 수 없다. 감지한 것을 최종적으로 인식하는 곳은 뇌가 아니다.

영혼이 일탈한 사람은 뇌를 갖고나간 것이 아니다. 더구나 육신이 감지하는 데 관여하는 오감의 말초신경은 물론 뇌로 연결되는 통로신경 등 모든 감지의 기능으로부터 완전히 독립적으로 존재하고 있었음에도 불구하고 사물을 다 감지했다. 오감을 통해 감지한 모든 것을 최종적으로 인식하는 곳은 뇌가 아니라 혼이다. 뇌도 다른 통로신경이나 마찬가지로 혼으로 연결하는 통로에 지나지 않는다.

b. 의식(意識)

의학적으로는 감정이나 느낌, 또는 생각한다거나 기억하는 등의 의식 활동을 하는 것은 뇌의 물리화학적 작용에 기인한다고 해석한다. 의식을 하는 기능은 100% 뇌에 있다는 것이다. 공부하는 학생의 의식능력 평가도 자연스럽게 머리가 좋다든지 또는 나쁘다든지 등 머리가 기준인 것을 누구나 당연시한다. 심지어 물리적 인간론자들 가운데에는 뇌세포 하나의 기억 용량이 트랜지스터 라디오와 같다고 주장하는 사람도 있다.

만일 이러한 의학적 견해가 사실이라면 한번 기억상실증에 걸린 사람이 과거사를 다시 기억하게 되는 일은 절대로 있을 수 없다. 과거로 되돌아가 다시 전의 삶을 그대로 살지 않고서는 영원히 가능하지 않다. 기억상실증으로 잊었던 과거사에 관한 기억들이 되살아난 사람들은 얼마든지 많이 있다. 의식의 기능이 뇌에 있는 것이 아니라는 객관적 증거다.

영혼이 일탈하여 뇌와 상관이 없는 상태에서도 의식 기능의 모든 것들을 경험한 것을 기억하여 증거하는 것에서 알 수 있는 확실한 사실은 인간이 의식하는 기능은 뇌가 아니라는 점이다. 뇌신경세포는 혼에 도달하는 통로신경일 뿐이지, 뇌가 최종적으로 의식하는 것이 아니다. 의식의 기능은 뇌에 있지 않고 혼에 있다.

c. 의지(意志)

인간의 마음의 문제를 물리적 인간론으로 전혀 설명이 불가능한 요소라는 점은 많은 물리적 인간론자들의 솔직한 고백이다. 인간의지의 결정 요인인 마음의 작동원리가 뇌의 물리적이며 화학적인 요소에만 기인한다고는 도저히 설명할 수 없기 때문이다. 자신의 의지와는 아무런 상관도 없이 육체의 물리적인 작용에 의해 행동한다는 것은 있을 수 없다.

인간의 마음이 육체의 의지적 결단과 노력이나 훈련을 통해 바꿔질 수 있어야 물리적 인간론적인 인간일 수 있다. 그러나 아무리 육신에 물리적으로나 화학적인 변화를 위한 조치를 해도 마음이 바뀌는 것이 아니다. 군에서 제대한 초기에는 마음이 상당히 바뀐 사람으로 행동하고 또 자신도 그렇게 인식한다. 그러나 '지어먹은 마음이 사흘 못 간다'는 속담처럼 머지않아 본래의 자신으로 되 돌아와 있게 된다.

이렇게 인간의 의지적인 마음은 육체를 초월한 영역에 속한 것이지 뇌의 육적 문제가 아니다. 영혼이 일탈한 상태에서도 여전히 자신의 마음과 의지를 갖고 있었던 것이지 뇌가 없어서 의지가 없었던 상태가 아니다. 이렇게 인간에 있어서 마음의 의지적 문제는 뇌가 아니라 혼이다.

7) 영의 기능

감지와 의식과 의지의 기능은 혼의 역할이기 때문에 인간에게만이 아니라 혼적인 동물도 다 갖고 있다. 그러나 인간은 동물이 없는 영이 있기 때문에 동물적인 혼의 기능뿐 아니라 영의 기능도 함께 갖고 있는 것이다.

a. 초감지(超感知) / 무감지(無感知)

인간이 감지하고 있는 것으로 인식할 수 있는 한계는 혼까지이다. 혼이 감지할 수 있는 이상은 인식할 수 없다. 그런데 인간은 혼적으로는 의식하지 못하기 때문에 자신은 감지하지 못하는 것으로 생각하지만 실제로는 자신의 초월적인 능력의 영이 감지하고 있는 경우가 허다하다. 이렇게 자신은 감지하지 못하는 것으로 인식하고 있음에도 불구하고 실제로는 자신의 영이 감지하고 있는 것을 '초감지' 또는 '무감지' 라고 한다.

인도네시아에 쓰나미가 몰려오기 전에 개미들이 대피하는 것을 놓고 개미에게는 인간에게 없는 초감지의 기능이 있는 것으로 착각하는 사람들이 혹 있다. 개미는 워낙 땅 속에서 땅에 붙어살고 있는 작은 동물이기 때문에 미세한 진동을 감지한 것이지 개미에게 영적인 초감지의 능력이 있어서가 아니다.

팔레스틴 지역의 현지 용어로 베드윈이라 불리는 목자들은 특별한 초감지의 기능이 있지 않으면 양치기가 될 수 없다. 언제 어느 방향에서 모래바람이 불 것을 미리 알아서 반대편 산 아래로 양을 피신시킬 수 있어야 한다. 또 멀리서도 보통 사람으로서는 전혀 맡을 수 없는 물 냄새를 맡아 양들을 인도해야 한다. 고대의 목자들이 지하수를 개발한 사실이 성경에 많이 기록되어 있다. 물 냄새를 맡을 수 있는 초감지의 영적 능력이 있었기 때문이다.

b. 초의식(超意識) / 무의식(無意識)

인간이 자신이 의식하고 있는 것으로 알 수 있는 최대의 한계는 혼까지다. 그래서 초월적인 자신의 영이 의식하고 있는 것은 의식하는 것으로 알지 못한다. 사실 평상시에는 자신이 전혀 의식하지 못하는 것으로 생각하고 있는 것들을 의식하고 있는 경우는 누구나 체험하여 알고 있는 상식일 정도로 허다하다. 이런 경우를 정신분석학에서 무의식의 세계라고 한다.

무의식의 세계란 자신이 의식하고 있다는 사실을 전혀 모르고 있음에도 불구하고 실제로는 초월적인 영이 의식하고 있다는 말이다. 영에서조차 의식할 수 없다는 말이 아닌 것이다. 자신이 갖고 있는 영은 초월적 존재이기 때문에 영이 인식하고 있는 것을 혼으로서는 알 수 없기 때문이다.

이러한 영의 초월적 역사에 의한 초의식의 활동을 물리적 인간론자들로서는 영의 존재성을 인정하지 못하면서도 사실상의 초월적인 의식의 역사는 부정할 수 없게 실제로 인간 속에서 일어나고 있기 때문에 '초의식'이라고 하지는 못하고 '무의식'이라고 한다.

c. 초의지(超意志) / 무의지(無意志)

인간의 의지적인 결단과 노력만으로도 충분히 선하고 의로워질 수 있다는 것이 무신종교다. 하나님을 믿는다는 일부 기독교의 지도자들 가운데서도 긍정적으로 생각하는 것은 살리는 생각(生覺)이고 부정으로 생각하는 것은 사람을 죽이는 사각(死覺)이라는 무신종교적인 주장을 하는 사람들도 있다.

그래서 성경은 인간은 "여러 종류의 짐승과 새며 벌레와 해물은 다 길들므로 사람에게 길들었거니와 혀는 능히 길들일 사람이 없나니 쉬지 아니하는 악이요 죽이는 독이 가득한 것이라."(약3:7-8)라는 말씀처럼 자신의 의지로서는 어쩔 수 없는 초월적인 영이 지배하고 있는 존재이지 의지적 결단이나 훈련으로 길들여질 수 있는 동물과 같은 혼만이 있는 존재가 아니다.

영적 역사 없이 자신의 의지적 결단과 노력만으로는 아무리 긍정적인 생각(生覺)을 해도 '원수를 사랑한다(마5:44)는 것은 누구에게도 가능하지 않다. 만일 영적 역사 없이 원수를 사랑한다면 사랑하는 척 외식(外飾)하고 있는 것이지 실제로 사랑하는 것은 아니다. 이점을 자각하지 못하고서는 누구도 참다운 그리스도인이 될 수 없다. 지옥행의 필연적인 요소(마 24:51)로 주님이 가장 경계하신 외식의 전문가가 되도록 훈련을 하고 있을 뿐이다. 성령의 역사 없이 의지적인 결단과 노력이나 훈련으로는 누구도 참다운 그리스도인이 될 수 없다. 아무리 제자 훈련을 통해 거룩한 사람이 된 것으로 자타가 인정해도 초의지의 영적 문제를 올바로 깨닫지 못하면 외식을 훈련하고 있는 것에 지나지 않는다.

8) 혼과 영

혼과 영의 기능은 동일하지만 혼에 비해 영은 초월적인 존재이기 때문에 능력의 차이만이 다르다. 영은 실제로 인간의 심령 속에서 초월적 능력으로 역사하고 있음에도 인간으로서는 전혀 감지할 수도, 의식할 수도, 또 인간의 의지로서는 어떻게 할 수도 없는 무감지적 존재이다. 그렇기때문에 혼과 영을 구별하기란 용이하지 않다.

a. 너 자신을 알라

인간의 영은 자신의 육신 속에 내주하고 있음에도 무감지,

무의식, 무의지의 초월적 존재이기 때문에 누구나 그 존재성을 무시하고 살고 있다. 하지만 참 자아는 육이나 혼이 아니라 영이다. 그래서 성경은 인간의 육과 혼은 영이 입고 있는 옷(히1:11-12)이라고도 하고 장막(벧1:13-14)이라고도 말씀하는 것이다. 이점을 바로 깨닫지 못하면 자신의 옷을 위해 살면서 자신을 위해 살고 있다고 착각하는 것이 일반적이다. 자신의 육체나 혼을 위해 사는 사람은 자신의 옷을 위해 사는 사람이지 자신을 위해 사는 사람이 아니다. 자신의 영을 위해 사는 사람만이 자신을 위해 사는 사람이다.

영을 모르면 인간은 물론 자신도 알지 못한다. 영을 아는 것이 인간을 아는 것이고 자신을 아는 것이다.

b. 성경의 기록 원리

성경은 "영접하는 자 곧 그 이름을 믿는 자들에게는 하나님의 자녀가 되는 권세를 주셨으니"(요1:12)라고 '그 이름'을 믿으면 구원받는 것으로 말씀하고 있다. 그런데 다른 한편으로는 "유월절에 예수께서 예루살렘에 계시니 많은 사람이 그 행하시는 표적을 보고 그 이름을 믿었으나 예수는 그 몸을 저희에게 의탁지 하니하셨으니 이는 친히 모든 사람을 아심이요 또 친히 사람의 속에 있는 것을 아시므로 사람에 대하여 아무의 증거도 받으실 필요가 없음이니라."(요2:23-25)라고 하시어 '그 이름'을 믿어도 구원받지 못한다고 기술하고 있다. 동일한 '그 이름'을 믿은 것이지만 영적으로 믿으면(요1:12) 구원을 받지만 행하시는 표적을 보고 믿은 혼적 믿음(요2:23)으로는 구원을 받을 수 없다.

문제가 되는 것은 성경은 영과 혼을 생략하고 기록한다는 점이다. 비단 믿음만이 아니라 주님의 이름을 부르거나 시인하는 문제 등 성경이 기록하고 있는 인간의 정신적이거나 육체적인 모든 행위는 영과 혼을 생략하고 기록했기 때문에 영과 혼을 정립하지 못하고서는 원칙적으로는 성경의 단 한 절도 읽을 수 없다. 이를 정립하지 못하고 입으로 시인하기만 하면 구원받았다고 가르치는 사람은 다른 이의 신앙을 지도해서는 안 된다.

9) 영의 처소

성경이 증거하는 바로는 영은 시공을 초월한 초월적 존재이면서도 인간의 육신 속에 있다.(살전5:23) 그렇다면 시공을 초월한 영이 어떻게 시공적으로 제한된 육신 속에 갇혀있을 수 있느냐의 신학적 정립과 영이 육신 속에 거하고 있는 처소가 문제가 될 수밖에 없다. 하나님께서 영이 제한된 육체 속에 갇혀 있을 수밖에 없도록 '육체우선상태' 의 인간의 육신과 영이 거하고 있는 처소에 관한 신학을 정립하지 못하고는 기독신앙의 성경적 복음과 신학 정립은 가능하지 않다.

a. 배

주님의 공생애 사역의 목적은 '그리스도를 본받아' 와 같이 그리스도인들의 삶의 본을 보이시기 위함이 결코 아니다. 주님 스스로 '하나님 한분 외에는 육신을 입은 자신도 선하지 않다'(막10:18)고 하셨는데 자신의 육신의 삶을 본받으라고 가르치실 리가 없다. 주님의 공생애 사역에 있어서 가장 중요한 요소는 영혼 구원을 위한 복음과 신학을 정립해주신 것이다.

하나님께서 영적으로 기록하신 성경을 유대인들이 육적으로 잘못 해석한 것을 영적으로 올바로 재해석하신 것이고, 또 영적인 원리들을 신학적으로 정립하신 것이다. 영적인 문제들을 육적으로 기록한 성경을 영적으로 올바르게 해석할 수 있는 것은, 초월적인 하나님이시면서 동시에 육신의 인간이신 예수 그리스도 한분 외에는 아무도 가능하지 않다. 그래서 주님 외에 다른 사람이 성경을 해석하는 것도 "보혜사 곧 아버지께서 내 이름으로 보내실 성령 그가 너희에게 모든 것을 가르치시고 내가 너희에게 말한 모든 것을 생각나게 하시리라."

(요14:26)의 말씀처럼 성령의 역사 없이는 누구도 가능하지 않다.

영은 초월적 존재이기 때문에 인간의 몸속에 거처하고 있는 장소는 성경의 증거로밖에는 다른 어떤 근거로도 확인할 수 없다. 주님의 증거로는 "나를 믿는 자는 성경에 이름과 같이 그 배에서 생수의 강이 흘러나리라."(요7:38)라고 하심 같이 영은 배에 있다. 이렇게 영이 배에 있다는 것은 주님만이 보실 수 있고, 아실 수 있다. 성경의 역사상 이 사실을 보고 말한 사람은 주님 외에는 아무도 없다.

b. 육과 혼과 영

주님께서 영이 배에 있다고 말씀하신 의미의 첫 번째는 머리까지가 육이고, 머리에서 몸속으로 한 자 깊은 가슴에 혼이 있고, 가슴에서 더 깊은 횡격막 밑의 배에 영이 있다는 것이다. 주님의 이러한 정립이 중요한 것은 가슴으로 뜨겁게 느끼는 감정은 혼이지 결코 영이 아니라는 점이다. 인간이 알 수 있는 가장 깊은 곳은 가슴까지의 혼이지 영까지가 아니다. 영은 초감지이기 때문에 인간으로서는 전혀 인식할 수 없다. 이렇게 영이 배에 있다는 것은 영은 인간으로서는 초감지, 초의식, 초의지적 존재라는 의미의 말씀이다.

영은 비록 자신의 육신 속에 내주하고 있지만 초월적 존재이기 때문에 그 존재성과 역사를 인식할 수 있는 것은 오직 깨달음과 믿음의 문제(히11:6)이지 인간이 느낄 수 있는 감정의 문제가 아니다. 몸속에 있는 영은 반드시 육과 혼을 통해서만 역사할 수 있기 때문에 육과 혼이 영적 역사에 필요한 통로이기는 하지만 육과 혼 자체가 영은 아니다.

가슴으로 뜨겁게 감동적으로 믿는 것은 주님을 올바로 믿는 신앙이 아니다. 영적 역사에 감정의 혼적 역사가 필요한 요소이기는 하지만, 혼이 영을 지배해서는 절대로 안 된다. 혼은 항상 영의 지배하에 있지 않으면 안 된다. 이점을 올바로 정립하고 분별하는 것이 기독신앙에 있어서 가장 어려운 문제 중의 하나다. 이를 혼돈해서는 절대로 기독신앙이 바로 될 수 없다. 신앙은 의지적이며 이성적 믿음이지 감정이 아니다.

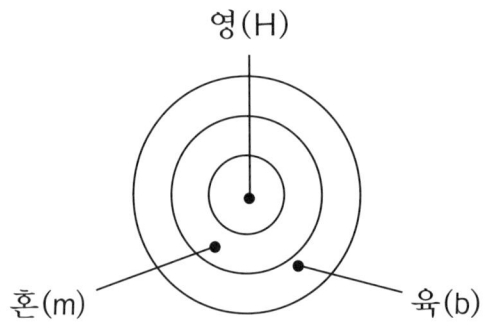

[그림 3. 요 7:38-39]

c. 성령=생명

주님께서 '생수의 강이 배에서 흘러나리라'고 하신 '배'는 헬라어 'κοιλια'(코이리아), 여자의 '자궁'을 뜻한다. 엄마의 자궁 속에 잉태되어 있는 아기는 탯줄을 통해 엄마로부터 떡과 물과 공기를 받아먹지 않고는 잠시도 살 수 없다. 주님께서 '그 배에서 생수의 강이 흘러나리라'라고 하시고 이는 '그를 믿는 자의 받을 성령'이라고 말씀하신 것은 복중의 아기가 엄마로부터 탯줄을 통하여 떡과 물과 공기를 받지 않으면 살 수 없음 같이, 인간은 육신으로 있는 동안에 반드시 성령을 물리적으로 육신 속에 받아야만 살 수 있다는 말씀이다. 성령을 받지 않은 사람은 산 사람으로 보이지만 실제로는 죽은 시체이다.

d. 천국구원

아기가 엄마 뱃속에 잉태된 것은 열 달 후에 세상에 태어나기 위함이지 그 속에서 늙어죽도록 살려는 것이 아니다. 이와 마찬가지로 인간이 육신으로 있을 때 반드시 성령을 받아서 살려는 것은 세상이 목적이 아니라 천국에 들어가서 영원히 살기 위함이라고 말씀하신 것이다. 그리스도인이란 세상에서 육신의 복락을 누리려는 사람이 아니라 사후에 영혼이 천국에서의 영생을 위해 세상을 사는 사람이다.

10) 육체우선(肉體優先)

성경적 인간은 틀림없이 삼분설적(살전5:23)임에도 기독교가 이분설로 정립하고 삼분설을 부인하는 경우가 있는 것은 시공을 초월한 영이 제한된 시공적 육신 속에 갇혀있어야 한다는 점이 이해가 되지 않기 때문이다. 초월적인 영이 육신 속에 갇혀있을 수 있게 인간의 육신을 창조하신 하나님의 인간 설계도를 신학적으로 정립하지 못했기 때문이다.

시각장애인의 영혼이 육신에서 일탈하면 모든 것을 볼 수 있다. 하지만 영혼이 육신 속으로 다시 들어오면 아무것도 볼 수 없다. 이와 같이 감지의 기능은 전적으로 영혼에 있는 것이지 육에 있는 것이 아니다. 그러나 영혼이 육신 속에 있을 때에는 반드시 육의 여러 통로를 거치지 않고는 영혼에 도달할 수 없다. 시각장애인이 볼 수 없는 것은 영혼에 도달하는 통로에 문제가 있기 때문이다. 이런 것을 신학적으로 '육체우선상태'라고 한다.

예수 그리스도께서는 마리아의 복중에 잉태되셨을 때부터 임마누엘하신 하나님(마1:23)이시다. 그런데 성경은 "예수는 그 지혜와 그 키가 자라가며 하나님과 사람에게 더 사랑스러워 가시더라."(눅2:52)라고 말씀한다. 하나님은 지혜의 근본이고 지혜 자체시다. 이런 주님의 지혜가 자라신다고 한다. 육체우선상태이시기 때문이다.

　신학적으로 '육체우선론'을 정립하지 못하고서는 신인(神人)으로서의 합리적인 예수 그리스도를 성경적으로 올바로 정립하고 이해하는 것은 가능하지 않다. 기독교가 주님의 육신 자체를 삼위일체의 성자 하나님으로 오해하게 된 이유 중의 하나가 신학적으로 '육체우선론'을 정립하지 못했기 때문이기도 하다.

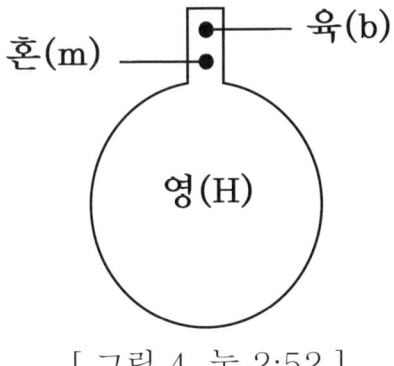

[그림 4. 눅 2:52]

'육체우선'이란 마치 물탱크(전능하신 하나님)와 이 물탱크에서 물을 빼내는 파이프(육신)의 관계와 같다. 옥상 위의 거대한 물탱크에 물이 가득 채워져 있어도 물을 빼는 파이프가 주사바늘이어서는 물이 많이 나올 수 없다. 이 파이프가 클수록 물이 많이 나올 수 있다. 공생애 전의 주님은 이 파이프를 키우시기 위한 삶을 사신 것이다.

그러나 아무리 이 파이프를 키워도 '육체우선' 이기 때문에 육신의 능력은 육의 한계를 넘지 못한다. 주님은 영적 능력을 더 이상 자랄 수 없는 육신의 한계점까지 키우신 후에, 모든 사람을 구원하시기 위한 공생애를 시작하신 것이다. 그래서 주님은 공생애를 시작하신 이후에는 더 이상은 영적으로 성장하시지 않으셨다.

'육체우선'의 신학을 성경적으로 정립하지 못하고는 인간과 신인이신 예수 그리스도를 알 수 없다. 주님은 전능하신 하나님임에도 '육체우선적' 존재이시기 때문에 시장하기도 하고, 피곤하여 주무셔야 하고, 십자가에서 죽으신 것이다.

뿐만 아니라 '육체우선론'을 신학적으로 정립하지 못하고는 성경도 바로 이해할 수 없다. 인간에게 있어서는 '육체우선'이 문제이지 마귀가 아니다. 인간이 '육체우선적 존재'라는 사실을 누구보다 잘 알고 있는 마귀는 언제든지 육체를 통해서만 인간을 미혹한다.

그래서 마귀가 사람을 미혹하는 것은 육체로 있는 동안뿐이고 육체를 통해서만 할 수 있지 육체를 떠나서는 어떤 경우에서도 사람을 미혹할 수 없다. 그렇기 때문에 육체를 부인하는 사람을 마귀는 전혀 미혹할 수 없다. 육신의 인간이 마귀를 이길 수 있는 유일의 길은 육신을 부인하고 죽(마16:24)는 것이다. 주님만 바라보고 육신을 포기한 사람에게는 마귀가 미혹할 방법은 아무것도 없다. 이것이 십자가로 마귀와 세상을 승리(요16:33)하는 유일의 것이다.

5장
인간의 설계

어떤 물건이든지 그 속속들이 정확하게 알려면 그것을 만든 설계도를 보지 않으면 안 된다.

하나님의 말씀인 신구약 성경 66권 중 어느 하나 중요하지 않은 말씀은 없다. 그러나 그중에서도 창세기 1, 2, 3장의 중요성은 아무리 강조해도 부족하다. 이 세 장은 하나님께서 온 우주 만물을 창조하신 사실을 기록한 것만이 아니다. 인류 역사의 시작부터 마치(창1:1-계20:11)실 때까지의 모든 것의 설계도이다. 따라서 이 세 장의 하나님의 설계도를 올바로 정립하지 못하고는 성경을 읽을 수 없음은 물론 하나님과 하나님이 섭리하시는 인류 역사의 아무것도 제대로 알 수가 없다. 당연히 사람도 하나님께서 설계하신 사람의 설계도를 정확히 보지 못하고는 올바로 알 수 없다.

1) 사람 창조의 설계도-1

하나님의 사람 창조의 설계도는 "흙으로 사람을 지으시고 그 코에 생기를 불어넣으시니 사람이 생령이 된지라."(창2:7)이다. 본문을 어떻게 해석하느냐에 따라 사람이 달라짐은 물론 성경이 달라지고, 죄와 구원이 달라지는 등 모든 성경적인 요소가 달라진다.

a. 흙과 생기

어떤 설계도이든 설계도에 표시되어있는 부호가 의미하고 있는 바를 정확히 모르면 설계도를 바로 읽을 수 없다. 다행히도 '사람 창조의 설계도'의 부호는 흙으로 사람을 지으신 '흙'과 그 코에 생기를 불어넣으신 '생기'의 요소밖에 없다. 따라서 이 두 가지 '흙'과 '생기'만 정확히 규명하면 '사람 창조의 설계도'를 올바로 읽을 수 있다.

생기를 그 코에 불어넣기 전의 흙으로 지으신 사람의 형태가 흙으로 빚은 마네킹과 같은 시체인지 아니면 살아있는 완전한 사람이지를 알면 그 코에 불어넣으신 생기가 무엇인지 알 수 있을 것이고, 반대로 생기가 무엇인지를 정확히 규명하면 흙으로 지은 사람이 어떤 형태였는지를 알 수 있다. 여기서는 편의상 '생기'를 규명하므로 '흙으로 지은 사람'을 확인하기로 한다.

b. 생기(生氣)

생기는 נשמה와 '살다'의 חי가 합해진 단어다. 구약성경에서의 히브리어 נשמה는 רוח(루하)와 함께 공기, 바람, 호흡, 생기, 생명,

성령 등의 여섯 가지의 의미로 사용되었다. 이렇게 같은 단어가 여러 가지 개념으로 사용되었기 때문에 번역과 해석에 상당한 문제가 발생하는 경우가 많다.

하나님이 공기를 말씀하시기 위해 사용하신 נשׁמה나 רוּח를 생명이나 성령으로 잘못 이해하거나 번역할 수 있기 때문이다. 이렇게 성경에는 설명은 가능하지만 번역이 불가능한 단어가 무수히 많다.

c. 사랑

설명은 가능하지만 번역은 불가능한 단어들 중 가장 대표적인 것이 '사랑'으로 번역한 헬라어 'αγαπη'(아가페)다. 헬라어에는 '사랑'으로 번역할 수 있는 단어가 네 개 있다. 그중에 신약성경에는 'αγαπη'와 'φιλεω'(필레오)의 두 단어만 쓰였다. '사랑'이라도 'αγαπη'와 'φιλεω'의 문자가 다르다는 것은 개념과 의미가 다르기 때문일 것이다.

성경도 이 두 단어를 반드시 구별할 것을 요구하고 있다. 부활하신 주님께서 베드로에게 네가 나를 'αγαπη' 하느냐고 첫 번째 물으셨을 때 베드로는 'φιλεω' 한다고 답했다.(요21:15) 두 번째도 주님께서는 'αγαπη' 하느냐 물으셨고 베드로는 여전히 'φιλεω' 한다고 답했다.(요21:16) 그러나 세 번째는 주님께서 'φιλεω' 하느냐고 물으시고 베드로도 'φιλεω' 한다고 답했다.(요21:17) 이러한 주님의 의도하심은 반드시 'αγαπη'와 'φιλεω'를 구별해야 한다는 말씀이지 혼돈해도 좋다는 뜻이 아니다.

본래 헬라어에는 'αγαπη'라는 개념의 단어가 없어서 구약성경을 헬라어로 번역하면서 새로 만든 성경적 단어다. 'αγαπη' 장인 고린도전서 13장을 시작하면서 "너희는 더욱 큰 은사를 사모하라. 내가 또한 제일 좋은 길을 너희에게 보이리라."(고전12:31)라고 하신 것에서 알 수 있듯 'αγαπη'는 성령의 은사로서의 '사랑'이지 인간의 의지로 할 수 있는 사랑이 아니다.

인간의 의지로서 할 수 있는 "내가 내게 있는 모든 것으로 구제하고 또 내 몸을 불사르게 내어줄지라도"의 지고의 사랑은 'φιλεω'이지만 'αγαπη'로서의 사랑이 아니면 내게 아무 유익이 없다는 말씀이다.(고전13:3) 주님께서는 원수를 'αγαπη'하라(마5:44)고 하셨지 'φιλεω' 하라고 하시지 않았다. 누구도 원수를 자신의 의지적 결단이나 노력으로 사랑할 수 있는 사람은 없다. 오직 성령의 역사하심으로만 가능한 것이다.

이 외에도 성경에는 설명은 가능하지만 번역할 수 없는 단어들이 무수히 많다는 사실을 성경을 읽고 해석할 때마다 잊지 말아야 한다.

d. 에스겔의 이상 골짜기

번역할 수 없는 단어들 때문에 성경을 번역한다거나 해석할 때 혼란스러울 때가 자주 있다. 그 대표적인 경우가 유명한 에스겔의 이상 골짜기에 관한 기사(겔37:1-10)다. 누구나 번역본을 읽는 사람은 뼈로 기록한 뼈는 뼈로 이해할 것이다. 그러나 이어지는 말씀에서는 "또 내게 이르시되 인자야 이 뼈들은 이스라엘 온 족속이라."(겔37:11)라고 하심 같이 뼈는 뼈가 아니라 이스라엘 온 족속이다.

이러한 혼란이 야기된 것은 번역 때문이다. 1절에 '여호와의 신'인 '성령'으로 번역한 히브리어가 חוּר다. 그런데 2절 이하에 일곱 번의 '생기'로 번역한 히브리어도 동일한 חוּר다. 같은 단어를 번역자가 1절에서는 '성령'으로 그 후에는 '생기'로 번역한 것이다. 2절 이하에서의 חוּר를 '생기'로 번역했기 때문에 뼈를 뼈로 이해하게 되는 것이지만, 번역자가 11절의 말씀대로 뼈를 온 이스라엘 족속으로 보았으면 חוּר는 성령으로 번역했어야지 생기로 번역해서는 안 될 것이었다.

e. 생기(生氣)

마찬가지로 חוּר שׁוּם가 '생기'이면 여호와 하나님이 흙으로 지으신 사람은 마네킹과 같은 죽은 시체일 것이지만 만일 '성령'이면 영과 혼과 육이 있는 살아있는 사람일 것이다. 문맥상으로도 하나님이 흙으로 지으신 것은 사람(אדם)이지 마네킹이나 시체가 아니다. 시체는 시체일 뿐 시체를 사람이라고 말하는 사람은 아무도 없다. 히브리어 נשמה만으로도 이렇게 성령으로 번역해야 옳다. 그런데 하나님께서는 '성령'으로 번역할 수밖에 없도록 נשמה에 ה을 더하셨다. 절대로 '생기'로 번역할 수 없게 기록하신 것이다.

이렇게 완전하게 기록하셨음에도 인간이 '생기'로 잘못 번역할 것을 하나님께서는 미리 아셨기 때문에 병행절로 또 다른 보완 조치까지 완벽하게 취해놓으셨다. 하나님께서 각종 들짐승을 창조하시면서 "여호와 하나님이 흙으로 각종 들짐승과 공중의 각종 새를 지으시고 아담이 어떻게 이름을 짓나 보시려고 그것들을 그에게로 이끌어 이르시니 아담이 각 생물(生物)을 일컫는 바가 곧 그 이름이라."(창2:19)라고 하심 같이 동물창조의 구문을 사람창조의 구문과 완전히 동일하게 기록하셨다.

사람과 동물을 똑같이 흙으로 지으시고 사람에게는 하나님이 '생기'를 불어넣으시고 동물에게는 아담에게 '이름'을 짓게 하셨다. 아담이 '이름'을 짓기 전에 하나님이 흙으로 지으신 동물들이 마네킹 같은 흙덩이리면, 사람도 동물들과 같이

영靈은 실체實體다 163

'생기'를 불어 넣기 전에는 시체였을 것이고, 살아있는 동물에게 '이름'을 지은 것이라면 '생기'를 불어넣기 전의 사람도 살아 있는 사람이어야 한다.

아담은 살아있는 생물(生物)들의 이름을 지었다고 말씀하지 마네킹의 이름을 지었다고 말씀하고 있지 않다. '생기'를 불어 넣기 전의 사람은 영과 혼과 육으로 되어있는 살아있는 사람이지 결코 시체일 수 없다. 따라서 נשמה은 '성령'으로 번역해야지 '생기'로 번역해서는 안 된다. 안타깝게도 전 세계에서 본문의 נשמה을 예외 없이 전부 '생기'로 번역했다. '성령'으로 번역한 성경은 하나도 없다.

f. 생령

하나님이 산 자와 죽은 자를 구분하시는 기준은 "여호와께서 가라사대 나의 신이 영원히 사람과 함께 하지 아니하리니 이는 그들이 육체가 됨이라."(창6:3)라고 하심과 같이 רוח인 성령이 함께한 사람이냐 아니냐이지 육적인 생사의 문제가 아니다. 주님의 산 자와 죽은 자의 구별 기준도 "제자 중에 또 하나가 가로되 주여 나로 먼저 가서 내 부친을 장사하게 허락하옵소서. 예수께서 가라사대 죽은 자들로 저희 죽은 자를 장사하게 하고 너는 나를 좇으라 하시니라."(마8:21-22)라고 하심 같이 성령이 함께하고 계시냐 아니냐만의 문제이지 육신이 살았느냐 죽었느냐의 문제가 아니다. 주님께서는 죽어 냉동되어있는 제자의 부친의 시체나, 이를 장사할 육적으로는 멀쩡하게 살아는 있으나 성령이 함께하고 있지 않은 사람을 다 동일한 시체라고 말씀하시는 것이다.

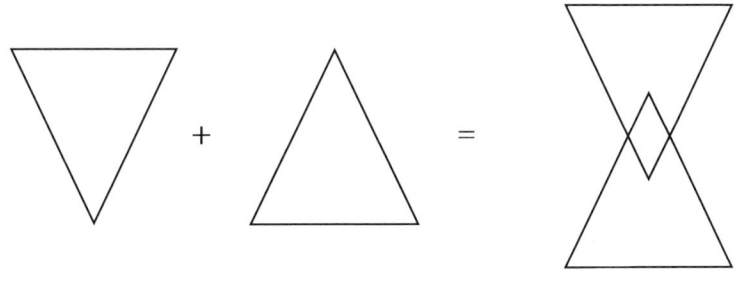

[그림 5. 창 2:7]

2) 사람 창조의 설계도-2

성경이 계시하고 있는 '사람 창조의 설계도'는 창세기 2장 7절 외에 "하나님이 가라사대 우리의 형상을 따라 우리의 모양대로 우리가 사람을 만들고 그로 바다의 고기와 공중의 새와 육축과 온 땅과 땅에 기는 모든 것을 다스리게 하자 하시고 하나님이 자기 형상 곧 하나님의 형상대로 사람을 창조하시되 남자와 여자를 창조하시고 하나님이 그들에게 복을 주시며 그들에게 이르시되 생육하고 번성하여 땅에 충만하라, 땅을 정복하라, 바다의 고기와 공중의 새와 땅에 움직이는 모든 생물을 다스리라 하시니라."(창1:26-28)라고 하신 말씀이 하나 더 있다.

a. 하나님의 형상(形像)

하나님은 사람을 '하나님의 형상' 대로 설계하시어 창조하셨다. 따라서 하나님의 '사람 창조의 설계도'를 올바로 읽으려면 본문이 말씀하고 있는 '하나님의 형상'의 의미를 정확히 알아야 할 것이다.

사람을 '하나님의 형상' 대로 창조하셨다는 말씀은 사람을 하나님과 모양이 닮게 창조하셨다는 말씀이다. 하나님은 공간적 형태의 모양이 없으신 영(요4:24)이시기 때문에 사람이 외형상으로 하나님을 닮았다는 말씀은 아니다.

사람에게 모든 세상 만물을 다 다스리고 정복하라고 하신다. 세상 만물을 다 다스리고 정복하려면 무엇보다도 그럴 수 있는 능력이 없이는 가능하지 않다. 그런데 세상 만물을 다 다스리고 정복할 수 있는 것은 사람을 '하나님의 형상' 대로 창조하셨기 때문이라는 것이다. 따라서 사람을 '하나님의 형상' 대로 창조하셨다는 말씀의 의미는 사람의 능력을 하나님과 비슷하게 창조하셨다는 말씀이다.

b. 야곱의 씨름

전능하신 하나님이 얍복 나루에서의 야곱과의 씨름에서 "야곱은 홀로 남았더니 어떤 사람이 날이 새도록 야곱과 씨름하다가 그 사람이 자기가 야곱을 이기지 못함을 보고 야곱의 환도뼈를 치매 야곱의 환도뼈가 그 사람과 씨름할 때에 위골되었더라."(창32:24-25)의 말씀에는 야곱을 이기지 못하셨다고 기록되어 있다. 하나님은 전능하심에도 불구하고 최선을 다하여 밤새도록 야곱과 씨름을 하셨지만 끝내 그를 이기지는 못하셨다. 하나님이 아무리 전능하셔도 야곱을 이기는 것은 불가능하다는 말씀이다.

전능하신 하나님이 야곱을 이기는 것이 가능하지 않다는 본문의 말씀을 있는 그대로 받아들이지 못하는 것이 일반적이다. 하나님의 전능성에 모순되기 때문이다. 그래서 하나님의 속성에 모순되지 않게 본문 말씀을 하나님이 이길 수 있는 씨름을 일부러 져 주셨다고 바꿔서 해석한다. 하나님의 속성을 고수하기 위해 성경 말씀을 변개한 해석이다.

만일 하나님이 이기실 수 있는 씨름을 일부러 져 주셨다면 성경이 이기실 수 있으시나 져 주셨다고 기록했어야 옳다. 하나님이 충분히 이기실 수 있는 씨름을 의도적으로 져주신 것을 이기시는 것이 불가능하다고 기록했으면 성경은 일점일획도 오류가 없는 하나님의 말씀일 수 없다.

하나님의 속성을 신학적으로 정립하는 것은 누구도 성경을 떠나서는 가능하지 않다. 따라서 성경을 변개하여 정립한 하나님의 속성은 하나님의 속성일 수 없다. 그러므로 성경이 일점일획도 오류가 없는 전능하신 하나님의 말씀이기 위해서는 하나님이 전능하심에도 불구하고 야곱을 이기는 것이 불가능하다는 사실을 신학적으로 입증하지 못하면 하나님의 속성도 성경도 실제적 사실일 수 없다. 즉 하나님의 전능성에도 모순되지 않으면서, 본문이 말씀하고 있는 그대로 야곱을 이길 수 없음을 신학적으로 입증해야만 하나님도 성경도 실제적 사실일 것이다.

우리는 잊고 싶은 것이 너무 많다. 그러나 전능하지 못해서 잊고 싶어도 잊을 수 없어서 괴로워한다. 그러나 하나님은 전능하시기 때문에 어떤 사안이든지 기억하지 않기로 결정하시는 순간 그것을 전혀 기억하실 수 없으셔야 한다. 기억하시지 않기로 결정하셨는데도 잊지 못하시고 기억하고 계시다면 하나님은 전능하신 것이 아니다. 이런 하나님은 사랑의 하나님일 수는 있을지 모르지만 전능하신 공의의 하나님은 아니다.

구원받은 사람이 천국에 입국할 때 많은 죄가 있는 것을 하나님이 용서하시고 봐주시어서 들어갈 수 있는 것이 아니다.

하나님이 아무리 눈을 씻고 보셔도 구원받은 사람은 "내가 그들의 죄악을 사하고 다시는 그 죄를 기억지 아니하리라."(렘 31:34)라고 결정하셨기 때문에 하나님의 눈에는 "눈보다 희고"(시51:7) "양털 같이"(사1:18) 깨끗한 것이다.

같은 논리로 하나님이 이기지 못하기로 결정하신 사안에 대하여는 이기지 못하셔야 전능하신 것이지 이기지 못하게 결정하시고도 이기신다면 전능하신 것이 아니다. 이기실 수 없음이 전능성임을 정립하지 못한 사람은 하나님의 전능성을 올바로 이해하고 있는 사람이 아니다. 이런 사람은 본문은 물론 성경의 다른 부분들도 옳게 읽을 수 없다.

c. 성경의 모순

성경은 하나님의 전능성을 계시한 책이다. 하나님은 전능하시기 때문에 온 우주 만물을 창조(창1:1-31)하셨다. 그러나 성경은 하나님의 전능성만 계시한 책이 아니다. 전능성을 계시함과 동시에 전능성의 모순을 계시하고 있는 것이 성경이다. 성경이 하나님의 전능성만 계시한 것이라면 온 우주 만물을 창조하시는 데는 단 1초라도 시간이 걸렸다고 기록하면 안 된다. 시간이 필요한 만큼 전능성에 모순되기 때문이다.

그런데 성경의 증거로는 하나님은 온 우주 만물을 6일이란 간격을 두고 창조하셨다. 이는 분명히 하나님의 전능성에 모순된다는 증거다. 이렇게 성경은 하나님의 전능성을 계시함과 동시에 전능성의 모순을 계시하고 있다. 이렇게 모순된 성경의 계시를 모순 없는 논리로 정립하는 것이 성경적 신학이다. 하나님의 속성을 고수하기 위해 성경을 변개하거나 성경의 무오성을 고수하기 위해 하나님의 속성을 바꾸는 것은 성경을 하나님의 말씀으로 해석하는 신학이 아닌 것이다.

d. 성경의 기록원리

하나님은 밤새도록 야곱과 씨름하셨지만 이기지 못하시자 야곱의 환도뼈를 쳐서 위골시키셨다. 이렇게 하나님은 사람들이 일반적으로 이해하고 있는 '천하장사 씨름'과 같은 육적 씨름은 간단히 이기셨다. 그렇다면 하나님이 인간을 이기시지 못하는 씨름이 문제이다. 본문에는 하나님이 이기시지 못한 그 씨름을 구체적으로 직접 기록하고 있지 않아서 문제다.

선악과를 따먹기 전에는 "아담과 그 아내 두 사람이 벌거벗었으나 부끄러워 아니하니라."(창2:25)라고 하심대로 벌거벗었어도 부끄러워하지 않던 사람들이 선악과를 따먹은 다음에는 "이에 그들의 눈이 밝아 자기들의 몸이 벗은 줄을 알고 무화과나무 잎을 엮어 치마를 하였더라."(창3:7)라고 하심 같이 눈이 밝아 벗은 줄 알고 옷을 해 입었다. 선악과 범죄로 말미암아 눈이 밝아진 것이다.

눈이 밝아진 것이라면 좋아진 것이어야 하는데 선악과 죄를 범한 결과가 좋아졌다고는 해석할 수 없으니까 눈이 밝아진 것을 나쁘게 된 것으로 해석한다. 죄를 보는 눈이 어두웠던 사람이 선악과 죄를 범하고는 벌거벗은 부끄러운 죄를 보는 눈이 밝아져서 가리기 위해 옷을 지어 입었다는 '피복음'에 합치되도록 죄에만 초점을 맞추어 복잡하게 해석하는 것이다. 성경의 논리와는 정 반대의 해석이다. 성경은 선악과 죄로 인간이 죄를 보는 눈이 어두워져서 죄에 대해 둔감해진 것이 문제라는 것을 오히려 죄를 보는 눈이 밝아져 예민해진 것으로 해석하는 것이다.

선악과 죄를 범한 후의 인간은 눈이 밝아져서 '벌거벗은 줄을 알았다' 이지 '벌거벗은 것이 부끄러웠다' 가 아니다. 외모를 보는 눈이 밝아졌다는 말씀이다. 선악과 죄를 범하기 전에는 벌거벗었어도 외모를 보는 눈이 어두워서 보이지 않았기 때문에 부끄러워해야 마땅하지만 부끄러워하지 않았다는 말씀이다. 즉 선악과 죄를 범하기 전까지는 영적인 중심에만 관심을 갖고 중심만 보(삼상16:7)며 살던 사람이 선악과 죄를 범한 후에는 외모에만 관심을 갖고 외모만 보는 사람이 되었다는 말씀이다.

선악과 범죄로 말미암아 사람이 바뀐 것은 단 하나뿐이다. 선악과를 따먹기 전에는 외모에는 관심도 없고 보이지도 않아 벌거벗고도 부끄러워하지 않았던 사람들이 선악과를 따먹은 후부터는 외모를 보는 눈만 밝아진 것이다.

하나님이 성경을 선악과 죄를 범한 사람들을 위해 육적 기준으로 기록하셨지 창조 후 잠시 동안의 타락 전의 인간을 위해 영적 기준으로 기록하신 것이 아니다. 그래서 성경은 선악과 죄로 외모밖에 볼 수 없는 사람이기 때문에 '외모를 보는 육적 눈이 밝다' 라는 말씀을 '외모를 보는 육적' 은 생략하고 '눈이 밝다' 라고만 기록하는 것이다. 마찬가지로 '외모에는 관심이 없고 중심만 보는 영적 눈이 밝다' 라는 말씀을 '외모를 보는 눈이 어둡다' 라고 기록한 것이다.

선악과 죄를 범한 후의 인간은 누구를 막론하고 한 사람의 예외도 없이 다 가시적 결과만이 기준일 수밖에 없는 치명적인 약점을 갖고 있는 존재다. 그래서 하나님께서는 본문에서뿐 아니라 모든 성경을 가시적인 결과만을 기준으로 기록하신 것이다. 영적으로 눈이 어둡다는 것을 육적으로 밝다고 기록한 것처럼 성경의 기록원리로는 하나님이 야곱의 환도뼈를 쳐서 위골시키셨다는 말씀은 육적 씨름은 간단하게 이기실 수 있으나 영적 씨름은 이기실 수 없다는 말씀인 것이다.

e. 인격적 관계

하나님은 전능하셔서 불가능이 전혀 없으시다. 그러나 인간의 영이며 마음은 전능하신 하나님도 이길 수 없게 정하셨다. 그러므로 하나님이 인간의 마음이며 영은 이기지 못하셔야 전능하신 것이다. 하나님은 야곱의 마음을 이기지 못하셔야 전능하신 것이다. 세상에는 어떤 것도 하나님께는 불가능한 것이 없으시다. 단 하나 하나님께서 하실 수 없는 것은 인간의 마음이고 영이다.

만일 하나님이 인간의 마음을 마음대로 하실 수 있게 창조하셨으면 인간이 범하는 모든 죄의 책임은 하나님께 있지 인간이 책임질 문제가 아니다. 하나님을 믿지 않은 책임도 하나님이지 인간이 아니라야 옳다. 이러한 하나님의 인간 심령창조를 신학적으로 인간에게 '자유의지'를 주셨다고 하고 '인격적 관계'라고도 한다.

하나님이 인간을 하나님의 능력과 비슷하도록 하나님의 형상대로 창조하신 '사람 창조의 설계도' (창1:27)는 하나님께서는 전능하심에도 불구하고 인간의 마음이며 영은 하나님 마음대로 하실 수 없는 '인격적 관계'의 '자유의지'를 가진 존재로 설계하셨다는 말씀이다.

하나님께서는 전능하심에도 불구하고 천국의 완성을 시작하심과 동시에 완료하지 못하시고 장구한 역사가 계속되고 있다. 그 단 하나의 이유는 하나님께서 천국을 완성하시기 위해 창조하신 '자유의지'를 가진 인간과 '인격적 관계'로만 교제하실 수 있게 설계하셨기 때문이다. 만일 하나님의 인간 설계가 인격적 관계가 아닌 예정론적이라면 절대선, 절대의이신 하나님께서는 천지와 사람을 창조하심과 동시에 천국을 완성하셨을 것이다.

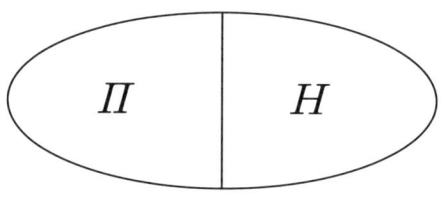

[그림 6. 창 1:27]

그림 설명: 성령 하나님은 전능하심에도 불구하고 인간의 심령을 마음대로 하실 수 없게 성령(*Π*)과 심령(H) 사이에 담이 있다. 이 담의 문은 사람만이 열 수 있지 인격적 관계이기 때문에 성령 하나님이 여시는 것은 불가능하다. 사람이 원하기 전에는 하나님은 인간과의 교제는 가능하지 않다.

3) 독생(獨生)하신 하나님

성경은 예수 그리스도를 삼위일체의 하나님(롬8:9-10)이라고 하면서 또 한편으로는 이와는 모순되게 하나님의 독생자(요3:16)라고도 말씀한다. 이러한 모순된 계시를 모순 없이 정립하지 못한 사람은 예수 그리스도를 성경적으로 올바로 아는 사람이 아니다.

a. 독생자 예수 그리스도

정확히는 하나님이 육신을 입고 세상에 오신 예수 그리스도의 육신은 인간인 예수이고, 영은 하나님이신 그리스도이시다. 그래서 예수 그리스도는 하나님이면서 동시에 인간이신 신인(神人) 메시아다. 성경은 이렇게 성육신(成肉身)하신 신인(神人) 예수 그리스도를 하나님의 단 하나밖에 없는 외아들 독생자(獨生子)라고도 말씀하신다.

전능하신 하나님께서는 아들을 1억쯤 두시지 왜 외롭게 하나만 두셨을까? 아들이 하나밖에 없으시다는 점은 하나님의 전능성에 모순되지 않는가?

b. 독생(獨生)하신 하나님

삼위일체의 하나님이시면서 독생자이신 예수 그리스도는

"본래 하나님을 본 사람이 없으되 아버지 품속에 있는 독생하신 하나님이 나타내셨느니라."(요1:18)라고 말씀하신 것처럼 '독생하신 하나님' 이다. '독생' 이란 말의 의미는 단 한 번밖에 태어날 수 없는 출생이란 뜻이다. 두 번 다시 육신의 인간으로는 태어날 수 없다는 말이다.

하나님은 전능하심에도 불구하고 육신을 입고 인간으로 이 땅에는 단 한 번밖에 오실 수 없도록 정하셨다. 그 단 한 번 육신을 입고 인간으로 오신 하나님이 '독생하신 하나님' 이다. 다시 오시는 주님은 "번개가 동편에서 나서 서편까지 번쩍임 같이 인자의 임함도 그러하리라."(마24:27)라고 주님께서 직접 말씀하신 것처럼 시공을 초월하신 초월적 존재이지 시공적인 육신의 인간이 아니다.

어느 누구도 천국이나 지옥에 다녀온 사람은 없다. 주님도 한 번밖에 살 수 없는 육신의 삶을 두 번 산 사람이 있다면, 그는 주님의 형일 것이다. 천국이나 지옥에 갔다가 다시 온다는 것은 절대로 가능하지 않다. 사도 바울이 삼층천에 다녀왔다는 "그가 몸 안에 있었는지 몸 밖에 있었는지 나는 모르거니와 하나님은 아시느니라."(고후12:2)라고 한 기록도 천국에 다녀온 것으로 착각할 정도라는 것이지 실제로 삼층천에 갔다 온 것이라고 해석하는 것도 '독생하신 하나님' 이신 예수 그리스도를 신학적으로 올바로 정립하지 못한 결과인 것이다.

c. 길에서 사화하라

'독생하신 하나님'은 구원의 기준이다. 전능하신 하나님께서도 육신의 인간으로는 한 번밖에 사실 수 없다는 의미는, 육신의 삶은 하나님도 한 번밖에 살아볼 수 없을 정도로 귀하다는 말이다. 육신의 인간은 "천사보다 조금 못하게 하시고 영화와 존귀로 관을 씌우셨나이다."(시8:5)의 말씀처럼 존귀한 존재이지 벌레만도 못한 존재가 아니다.

하나님이 이토록 육신의 삶을 존귀하게 하신 것은 "너를 송사하는 자와 함께 길에 있을 때에 급히 사화(私和)하라."(마5:25)라고 하심 같이 육신 중에서만 구원을 받을 수 있다는 말씀이다. 누구든지 육신에 있을 때에 자신의 영혼이 구원받지 못하면 어떤 방법으로도 천국구원은 영원히 불가능하도록 설계하셨다는 말씀인 것이다. 육신 사후에 연옥에서 구원이 이루어진다는 천주교의 교리는 '독생하신 하나님'인 예수 그리스도도 성경적으로 옳게 정립하지 못하고 예수 그리스도를 구세주로 믿는다는 신학이다.

d. 심판의 기준

'독생하신 하나님'은 심판의 기준이다. 자신은 평생토록 진심으로 예수를 믿으려고 노력했어도 통일교나 몰몬교와 같은 잘못된 사이비 이단 사설을 좇았으면 천국에 들어갈 수 없다. 이런 사람이 있다고 한다면 자신의 잘못된 신앙은 목회자의 책임이라 자신은 억울하다고 하나님의 공의의 심판대 앞에서 항의할 수 있을 것이다. 그러나 하나님의 공의는 성경이 있는 한은 "모세와 선지자들이 있으니 그들에게 들을지니라."(눅 16:29)라는 말씀처럼 성경보다 목회자를 더 신뢰한 사람에게는 변명의 여지가 없다.

주님께서 "이 천국 복음이 모든 족속에게 증거되기 위하여 온 세상에 전파되리니 그제야 끝이 오리라."(마24:14)라고 말씀하신 것도 최후에 있을 하나님의 공의의 심판을 위해서 먼저 모든 족속에게 성경이 전해지고, 그 후에 '피복음적' 세상 복음이 아닌 성경적 천국 복음이 전파되어야 하기 때문이다. 그러므로 성경을 해석하고 복음을 정립하는 문제는 신학자나 목회자의 전유물이 아니다. 누구나 하나님을 믿는 사람은 자신이 성경을 통해 분별하고 정립해야할 책임이 있는 것이다.

자신이 억울하다고 생각하는 사람이 육신에 있을 때에만 구원이 가능하므로 육신으로 회생해서 예수를 바로 믿을 기회를 다시 주시기를 부자가 간청(눅16:27-28)하듯 소원해도, 전능하신 하나님도 육신의 삶은 한 번밖에 살아볼 수 없기 때문에 불가능한 것이다. 이렇게 '독생하신 하나님'은 공의의 하나님의 심판의 기준이다.

영혼 구원의 문제는 자신의 문제이지 남의 문제가 아니다. 구원은 사후에는 돌이킬 수 없는 영원히 수정이 불가능한 것이다. 구원은 자기 스스로 성경과 씨름하며 고민해야할 문제이지 무조건 자기 확신을 가질 문제가 아니다.

6장
인간의 타락

하나님이 '네가 먹는 날에는 정녕 죽으리라'고 금하신 선악과(창2:17)를 아담과 하와가 따먹어서(창3:6) 세상의 모든 인간은 유전적으로 타락하게 되었고, 죄가 세상에 들어왔으므로 영생을 누리지 못하고 죽(히9:27)을 수밖에 없게 되었다. 성경의 증거로는 아담과 하와가 따먹은 선악과 범죄는 인간이 범하는 모든 죄의 근본이다. 그래서 이를 원죄(原罪)라고도 한다.

따라서 선악과범죄론을 성경적으로 올바로 정립하지 못하면 인간이 범하는 모든 죄의 문제를 정확히 이해할 수 없다. 죄의 근본 원인을 올바로 규명하지 못하고서는 그 해결도 가능하지 않다. 원죄론을 성경적으로 올바로 정립하지 못하고는 성경적인 구원론의 정립도 가능하지 않다. 구원론의 정립은 죄론에서부터 출발해야 한다.

1) 하나님의 소원

하나님의 소원을 모르는 사람은 하나님은 물론 성경에 관해서도 아무것도 모르는 사람이다. 전지전능하신 하나님께서 이루시고 싶으신 어떤 소원이 있을 수 있다는 점은 쉽게 이해되지 않을 수 있다. 그러나 성경의 증거로는 하나님께서도 틀림없이 이루고자 하시는 소원이 있다. 하나님이 이루고 싶으신 소원이 없다면 천지와 인간을 창조하지도 않으셨을 것이다.

특히 주님께서 "그는 근본 하나님의 본체시나 하나님과 동등됨을 취할 것으로 여기지 아니하시고 오히려 자기를 비어 종의 형체를 가져 사람들과 같이 되었고 사람의 모양으로 나타나셨으매 자기를 낮추시고 죽기까지 복종하셨으니 곧 십자가에 죽으심이라."(빌2:6-8)라고 하심과 같이 고통스럽게 육신을 입고 이 땅에 오시고 또 십자가에 못 박혀 돌아가시지도 않으셨을 것이다. 하나님께서는 고통스러운 육신으로 세상에 오셔(요5:27)야만 하고 또 죽으시고 부활하시어 인간을 구원하시지 않으면 안 될, 반드시 이루지 않으면 안 될 소원이 있다.

하나님이 이루고 싶으신 간절하신 소원을 모르는 사람은 하나님에 관해서는, 하나님 자신과 예수 그리스도는 물론 하나님의 창조와 역사 그리고 성경에 관해서도 아무것도 모르는 사람이다. 유일신 신앙을 가지고 있다고 자부하고 있는 유대교나 회교나 기독교가 잘못된 근본적인 요소는 하나님의 소원을 성경적으로 올바로 정립하지 못하고 있기 때문이다. 하나님의 소원을 성경적으로 정확히 정립하지 못한 사람은 하나이나 예수 그리스도를 믿는 사람이 아닐 뿐 아니라 믿을 수도 없다.

a. 하나님의 목적

유일신 신앙에 있어서 가장 중요한 문제는 하나님이 사람을 창조하신 절대적인 유일무이한 목적을 성경적으로 정확히 정립해야 하는 점이다. 하나님의 사람 창조의 목적을 모르면 아무것도 모르는 것이다.

만일 하나님이 이루고 싶으신 자신의 소원이나 목적도 없는데 능력만 전능해서 천지와 사람을 창조했다면 그는 물질이나 기계에 지나지 않을 뿐 자신의 의지를 가지고 있는 인격체가 아니다. 더구나 인격체로서의 인간을 설계하고 창조하신 하나님이 의지가 전혀 없는 비인격체라는 것은 상상조차 할 수 없는 것이다.

하나님은 "만물이 그에게 창조되되 하늘과 땅에서 보이는 것들과 보이지 않는 것들과 혹은 보좌들이나 주관들이나 정사들이나 권세들이나 만물이 다 그로 말미암고 그를 위하여 창조되었고"(골1:16)라고 성경이 증거하심처럼 하나님은 이루어야 할 분명한 자신의 목적이 있으시고 그 목적을 이루기 위해 창조도 하셨고 역사를 섭리하시고 계신다. 하나님의 천지 창조의 궁극적인 목적은 사람에게 있으며 다른 만물에 있는 것이 아니기 때문에 사람 창조의 목적을 모르면 천지 창조도, 세상 역사의 의미도 모르는 것이다.

b. 독처의 하나님

하나님께서 능력이 부족하셔서 남자와 여자를 동시에 창조하지 않으신 것이 아니다. 창조주 하나님은 전능하시기 때문에 남자와 여자를 얼마든지 동시에 창조하실 수 있으시다. 그런데 하나님은 남자와 여자를 동시에 창조하시지 않고 먼저 아담을 독처하도록 창조하시고는 "여호와 하나님이 가라사대 사람(아담)의 독처하는 것이 좋지 못하니 내가 그를 위하여 돕는 배필을 지으리라 하시니라."(창2:18)라고 하신다. 하나님이 의도적으로 남자를 혼자서 고독하게 지내도록 창조하시고 그것이 하나님의 입장에서는 좋지 못하기 때문에 돕는 배필로 여자를 지으시겠다는 말씀이다.

이런 강조법은 성경 다른 곳에서는 찾아볼 수 없으리만치 엄청난 강조다. 이렇게 유별난 방법으로 사람을 창조하시는 하나님의 의도는 독처하는 아담으로 하나님의 독처를 설명하시기 위해서이다.

창조주 하나님이 전능하시다는 의미는 하나뿐이지 둘일 수 없다는 말이다. 전능자는 둘이 존재할 수 없다. 만일 전능자가 둘이면 둘 중 하나는 전능자가 아니다. 따라서 전능한 하나님은 독처할 수밖에 없다. 그래서 전능하신 하나님은 유일신일 수밖에 없다.

아담이 독처하는 것이 좋지 못하여 돕는 배필이 필요한 것처럼 하나님은 독처가 싫으신 분이어서 하나님의 독처를 해결해 줄 배필로서 사람이 있어야 한다는 말씀이다. 하나님이 천지와 사람을 창조하신 유일무이한 목적은 영원한 천국에서 하나님과 영원토록 함께 화목하게 지낼 자녀를 얻고자 하심이 전부다.

c. 동물들의 이름

아담을 돕는 배필을 지으신다면서 엉뚱하게 아담이 동물의 이름을 짓는 말씀이 이어진다. 아담이 동물들의 이름을 지었다는 의미는 고독해서 동물들과 교제를 했다는 말씀이다. 그런데 동물들은 아담의 고독을 해결할 수 있는 배필이 못 된다.(창2:20) 영적인 인간은 영이 없는 동물들과의 교제로는 고독을 해결할 수 없다. 이것이 하와를 창조하셔야 하는 이유다.

영적인 하와를 창조하시어 아담에게 이끌어 오시니 아담이 "이는 내 뼈 중의 뼈요 살 중의 살이라."(창2:23)라고 기뻐한다. 사람은 교제의 대상이 없으면 견딜 수 없는 존재다. 사람은 물론 모든 영적 존재는 하나님이든 천사든 누구를 막론하고 교제의 대상이 없으면 견딜 수 없는 속성을 갖고 있다. 그리고 그 교제의 대상은 반드시 영적 존재이어야 한다는 것이 본문의 증거다.

동물은 완전한 삶의 환경이 갖춰졌다면 무인도일지라도 혼자서 행복하게 살 수 있다. 그러나 인간은 삶의 환경이 아무리 완전해도 영적 교제의 대상이 없으면 행복할 수 없다. 그래서 인간을 사회적 동물이라고 한다.

d. 인격적 화목

하나님이 사람을 창조하신 유일무이한 목적은 영원한 천국에서 하나님과 영원토록 화목하게 지낼 자녀를 얻고자 함이기 때문에 이 목적에 완전히 부합하도록 사람 창조를 설계하신 것이다.

완전하고 순수하게 하나님과 화목할 수 있는 자녀를 얻으시기 위해 하나님은 임마누엘하시기 전 흙으로 지으신 사람도 인격적으로만 결합이 가능하도록(창2:7) 설계하셨다. 또한 전능하신 하나님과도 완전한 인격적인 관계로서의 교제만 가능하도록, 약자인 인간이 원하기 전에는 전능하신 하나님이 원하심만으로는 가능하지 못하도록 창조하셨다. 즉 자유의지를 갖고 있는 하나님의 형상대로 인간의 마음이 자유의지를 갖도록 사람을 창조(창1:27)하셨다.

하나님의 속성은 거룩하시어서 사람이 선하고 의롭기를 원하시고 악한 죄인은 용서하시지 못할 만큼 싫어하신다. 그렇지만 하나님께서는 인간의 죄보다도 하나님과의 화목이 더 중요한 문제이다. 그래서 하나님께서는 만일 죄를 지어야만 하나님과 화목할 수 있는 사람이 있다면 죄를 짓고서라도 하나님과 화목하기를 원하신다.

화목 절대로서의 하나님의 인간 창조를 주님께서는 탕자의 비유(눅15:11-32)로 잘 확인해 주셨다. 돌아온 탕자는 이제 더할 수 없이 아버지와 화목한 아들이 됐지만 의인인 형은 아버지께 불평이 많은 아들이다. 하나님은 거룩하신 분이기 때문에 인간이 죄를 짓는 것을 싫어하시지만 탕자의 비유에서 알 수 있듯이 하나님과 화목할 수만 있다면 죄를 지어도 좋다는 말씀이다.

탕자의 비유를 보면 주님은 확실히 창조주 하나님이시다. 화목을 절대적으로 설계하시고 창조하신 하나님이 아니면 그 누구도 탕자가 형보다 옳다고 평가할 사람은 없다. 하나님께는 화목만이 절대다. 하나님과 오직 순수하게 화목할 수 있는 사람만 찾으신다.

2) 인간의 타락

하나님께서 설계하신 성경적 인간은 절대선이며 절대의이신 하나님 안에서는 모든 것이 다 선하고 의롭지만 하나님을 떠나서는 어떤 것도 선하거나 의로울 수 없는 존재다. 따라서 인간의 모든 죄악의 근원이 되는 원죄의 문제인 선악과 범죄는 하나님의 떠나심의 문제이지 선악과 범죄 자체가 아니다. 그렇기 때문에 그 핵심은 먼저 선악과를 따먹어서 하나님이 떠나셨느냐 아니면 인간이 하나님을 떠났기 때문에 선악과를 따먹었느냐의 순서의 문제다.

당연히 이는 사람 창조의 두 설계도에 관한 해석의 문제다. 첫째는 사람 창조의 설계도(창2:7)에 있어서의 נשמה가 생기냐 성령이냐의 문제이고, 둘째는 하나님의 형상(창1:27)의 인격적 관계의 문제다.

a. 완전한 인간

하나님은 전지전능하시고 절대선과 절대의이기 때문에 최초에 창조된 사람은 반드시 완전하지 않으면 안 된다. 성경이 계시하는 사람에 관한 하나님의 설계와 창조를 해석함에 있어서도 성경이 계시하고 있는 그대로가 아니라 최초의 사람은 완전하다는 것을 전제로 성경을 해석하는 것이다.

하나님이 지으신 최초의 사람은 완전해야 하므로 전지전능하신 하나님의 완전한 통제하에 있는 존재여야만 했다. 이렇게 하나님의 완전한 통제 속에 있는 인간이 되기 위해서는 하나님이 들어오시기 전 흙으로 지어진 상태는 전혀 자기 의지가 없는 마네킹과 같은 존재였다가 하나님이 שמה을 불어넣으셔서야 비로소 인격이 있는 존재가 되어야 했다. 이렇게 마네킹에게 불어넣는 שמה(창2:7)이기 때문에 '성령'이 아닌 '생기'로 번역한 것이다.

마찬가지로 하나님이 사람을 하나님의 형상대로 창조(창1:27)하셨다는 의미도 완전한 인간으로 설계하셨다고 해석한다. 이렇게 아담은 완전했기 때문에 하나님을 떠날 수 없었으나, 말씀에 불순종하여 금단의 열매를 따먹어서 하나님이 떠나셨다는 것이다. 그래서 하나님을 떠나서 선악과를 따먹은 것이 아니라, 선악과를 따먹어서 하나님을 떠났다는 해석이다.

b. 불완전한 인간

하나님은 전지전능하시고 절대선 절대의이시기 때문에 최

초의 인간을 완전하게 창조하시지 않으면 안 된다는 전제는 본문에서는 물론 다른 많은 성경적 모순을 야기하게 된다. 하나님은 '사람이 독처하는 것이 좋지 못하다'고 하신 것처럼 항상 좋게만 창조하신 것이 아니다. 성경은 있는 대로 보아야지 마음대로 봐서는 안 된다.

우선은 하나님이 완전하게 창조하신 최초의 사람이 하나님의 말씀에 불순종할 수 있다는 점을 합리적으로 설명할 방법이 없다. 하나님의 말씀에 불순종했다는 말은 선악과를 따먹기 전에 이미 완전하지 못한 존재였다는 의미이지 완전한 존재라는 말이 결코 아니다. 스스로 자가당착(自家撞着)에 빠지는 결과다.

더구나 성경은 하나님이 사람을 완전한 존재로 창조하셨다고 말씀하지 않는다. 하나님은 온 우주 만물을 6일 동안 창조(창1:1-31)하시면서 매 건마다 하나님 스스로 창조의 결과를 평가하신다. 자연 만물들은 전부 '하나님의 보시기에 좋았더라'고 하시면서 하나님의 형상대로 창조하신 인간을 창조하시고는 '하나님의 보시기에 좋았더라'라고 하지 않으신다. 사람을 완전한 상태로 창조하지 않았다는 말씀이다.

c. 발전태의 인간

자연 만물을 창조하시고 '하나님의 보시기에 좋았더라'고 하신 것은 자연 만물은 '완성태(完成態)'로 창조하셨다는 말씀이다. 반면에 사람을 창조하시고 '하나님이 보시기에 좋았더라'라고 하지 않으신 것은 사람은 '발전태(發展態)'로 창조하셨기 때문이다. 이러한 하나님이 "하나님이 그 지으신 모든 것을 보시니 보시기에 심히 좋았더라."(창1:31)라고 창조에 대한 마지막 총평을 하신다. 자연은 '완성태'로 사람은 '발전태'로 창조하신 것이 하나님의 최선의 창조라는 말씀이다. 성경은 최초의 사람을 완전한 존재로 창조하셨다고 말씀하지 않는다.

하나님께서 최초의 사람은 '발전태'로 자연은 '완성태'로 창조하셨다는 점은 창세기 1장의 이 같은 말씀으로도 충분함에도 창세기 2장에서 재차 확인하신다. 하나님께서는 아담을 창조(창2:7)하시어 완성태로 창조하신 '보기에 아름답고 먹기에 좋은 나무들'이 있는 동방의 에덴에서 살게 하셨다. 그리고 그것들 중에서 가장 좋은 나무는 생명나무와 선악을 알게 하는 나무다.(창2:8-9)

열매를 따먹으라는 말씀이다. 하나님께서 최초로 창조하신 상태로의 사람은 발전태이기 때문에 생명과와 선악과를 따먹어야 완성된다는 말씀이다. 창세기 2장 7절에서 9절까지를 전개한 것이 성경 전체의 내용(창1:1-계20:11)이다.

d. 행위의 원리

인간의 모든 행위는 마음의 결과다. 마음과 관계없는 행위란 있을 수 없다. 먼저 마음에 정해진 것을 나중에 행위로 한다. 하나님에게서 떠나는 문제는 마음의 문제이고 선악과를 따먹는 것은 행위의 문제다. 만일 먼저 선악과를 따먹어서 하나님이 떠나셨다면 행위가 마음의 원인이어야 한다.

원리적으로도 마음에서 하나님이 떠나셨으므로 선악과를 따먹은 것이어야지 선악과를 따먹어서 하나님이 떠나셨다는 것은 성립할 수 있는 논리가 아니다. 아담과 하와는 하나님을 떠났기 때문에 선악과를 따먹은 것이지 선악과를 따먹어서 하나님이 떠나신 것이 아니다.

e. 실락원(失樂園)

아담과 하와는 선악과를 따먹는 죄를 범해서 에덴동산에서 쫓겨났다. 하나님은 인간이 선악과 죄를 범하지 않고 영원히 에덴에서 살도록 설계하셨을까?

하나님은 '발전태'로 창조하신 인간을 '완성태'로 창조하신 자연인 에덴에 두셨다. '발전태'의 인간이 '완성태'의 자연에서 살면 발전할 수 없다. 젖먹이 아기에게 있어서의 엄마의 품은 완성태다. 아기가 발전하려면 엄마 품에 계속 있어서는 안 된다. 설혹 고난이 있어도 엄마 품을 떠나야한다.

하나님의 설계는 인간은 반드시 에덴을 떠나야하고, 그러기 위해서는 선악과 죄를 범해야 한다. 이러한 원리에 모순되지 않게 선악과 죄를 해석하지 않으면 안 된다. 그렇지 않으면 성경에 모순될 뿐 아니라 오히려 전지전능하신 하나님의 속성에 모순된다.

f. 두 돌판의 증거

하나님께서 시내산에서 돌판 둘을 만드시고 계명을 새기셔서 모세에게 주셨다.(출32:15-16) 산에서 내려오던 모세가 이스라엘이 금송아지를 만들어 섬기는 것을 보고 대노(大怒)하여 두 돌판을 산 아래로 던져 깨뜨렸다.(출32:19)

금송아지를 만든 이스라엘의 죄가 크기는 하지만 그렇다고 하나님께서 직접 만드시고 친히 계명을 새겨주신 두 돌판을 깨뜨렸다는 것은 결코 용서받을 수 있는 죄가 아니다. 돌판을 깨뜨린 죄는 하나님께서 모세가 가나안에 들어갈 수 없다고 질책하시는 므리바 물가에서의 죄(신32:51-52)보다 크면 크지 결코 경미한 죄가 아니다. 그런데도 성경 어디에도 모세가 돌판을 깨뜨린 것에 대하여 책망하신 적이 없다. 이는 이 첫 번째 돌판들은 반드시 깨져야만 하는 돌판들이라는 것이다.

하나님께서 다시 두 돌판에 계명을 새겨주셨다. 그런데 이 두 번째 돌판은 첫 번째 돌판 같이 하나님께서 직접 만드시지 않고 "너는 돌판 둘을 처음 것과 같이 깎아 만들라."(출34:1)고 하심 같이 모세에게 만들라고 하셨다. 그래서 모세가 만든 돌판에 하나님께서 계명을 새겨주셨다. 왜 두 번째 돌판은 하나님이 직접 만드시지 않고 모세에게 만들라고 하셨을까?

첫 번째 돌판을 하나님이 직접 돌판도 만드시고 말씀도 기록하신 것은 흙으로 사람을 지으시고 일방적으로 심령 속에 들어오신 아담(창2:7)을 의미한다. 첫 번째 돌판이 깨져야 하는 것처럼 아담과 하와는 하나님을 떠나야한다.

두 번째 돌판을 모세가 만들고 하나님께서 말씀을 기록하시는 것은 아담의 후손을 의미하는 것으로 인격적으로 영접(요1:12)해야 심령 속에 들어오실 수 있는 설계를 계시한 것이다. 모세가 첫 번째 돌판을 가지고 내려올 때에는 이상 징후가 없더니 두 번째 돌판을 받아 내려올 때에는 "모세가 그 증거의 두 판을 자기 손에 들고 시내산에서 내려오니 그 산에서 내려올 때에 모세는 자기가 여호와와 말씀하였음을 인하여 얼굴

꺼풀에 광채가 나나 깨닫지 못하였더라."(출34:29)와 같이 얼굴에서 광채가 났다. 하나님은 두 번째 돌판이 목적이시지 첫 번째 돌판이 목적이 아니시다.

g. 인간의 설계도

하나님은 사람과는 인격적인 관계로만 교제할 수 있게 설계하셨지만 최초의 사람인 아담에게는 일방적으로 심령 속에 들어와 계신 상태로 창조(창2:7)하셨다. 이렇게 아담 속에 들어와 계신 하나님은 초월적인 영이시기 때문에 아담이 인식할 수도 없었을 뿐 아니라 자신이 원하여 영접한 것도 아니다. 인격적 관계로만 교제가 가능하신 하나님은 떠나실 수밖에 없다. 그래서 첫 번째 돌판은 깨져야만 한다.

아담의 후손의 심령 속에 우주보다도 크신 하나님(왕상8:27)이 들어오시려면 그만한 공간이 있지 않으면 안 될 것이다. 육의 눈으로는 인간의 육신의 크기는 작지만 영의 눈으로의 인간의 심령은 우주보다도 크다. 그래서 하나님께서는 창조하자마자 곧 떠나셔야 하는 인간의 심령 속에 계신 상태로 사람을 창조하셨다. 그래서 하나님이 떠나신 인간의 심령은 혼돈하고, 공허하고, 흑암이 깊음 위에 있는 상태이다.

h. 선악과 사약(死藥)

하나님께서는 인간은 절대선이시고 의이신 하나님 안에서만 선하고 의로울 수 있도록 설계하셨다. 하나님을 떠나서는 어떤 경우에도 사람은 선하거나 의로울 수 없도록 창조하신 것이다. 그렇기 때문에 그리스도인의 행위에 대한 선과 의의 판단 기준은 하나님 안에서의 행위인지 하나님 없는 행위인지의 문제이지 가시적인 객관적인 것이 기준이 아니다.

아담과 하와는 하나님을 떠났기 때문에 악한 존재들이지 결코 선하지 않다. 악한 존재는 영생해서는 안 된다. 빨리 죽어야 한다. 그래서 하나님을 떠난 악한 인간으로 하여금 따먹고 죽도록 준비해 놓으신 사약이 선악과(창2:17)이다. 이렇게 선악과는 하나님을 떠난 인간에게는 나쁜 사약이지만 하나님께는 좋은 나무다.(창2:9)

i. 마귀의 사명

하나님 입장에서는 하나님을 떠난 인간은 빨리 선악과를 따먹고 죽어야 하지만 인간은 따먹으면 틀림없이 죽는다는 사약인 선악과(창2:17)를 먹으려 하지 않을 것은 당연하다. 인격적으로만 교제하시는 하나님은 인간이 선악과를 따먹도록 강제하실 수 없다. 그래서 인간이 선악과를 따먹도록 쓰신 것이 마귀다. 마귀도 하나님이 필요하기 때문에 창조하셨지 필요치 않으면 언제라도 무저갱에 넣으실 것이다.

마귀는 "너희는 너희 아비 마귀에게서 났으니 너희 아비의 욕심을 너희도 행하고자 하느니라. 저는 처음부터 살인한 자요 진리가 그 속에 없으므로 진리에 서지 못하고 거짓을 말할 때마다 제 것으로 말하나니 이는 저가 거짓말장이요 거짓의 아비가 되었음이니라."(요8:44)라고 주님이 규정하신 것처럼 거짓 자체다. 거짓을 말하는 이유는 상대방을 속여서 자기 마음대로 하기 위해서다.

성령 하나님은 인격적 관계로만 교제하셔서 인간의 뜻을 존중하지만 마귀는 인간을 마귀 마음대로 하기 위해 속이는 비인격적 관계로 역사하는 존재다. 그래서 마귀는 하나님이 떠나셔서 비어있는 우주보다 큰 인간의 심령 속에 인간의 동의도 구하지 않고 침입해 들어와 있는 것이다.

j. 인간의 타락

인간의 심령 속에 침입해 들어온 마귀는 인간의 능력보다 크고 사람을 속여 미혹하는 비인격적인 관계로 역사하기 때문에 마귀의 미혹으로 아담과 하와는 선악과를 따먹었다.(창3:1-6) 선악과 범죄로 인간은 육적으로는 아직 살아있어 시한부 인생

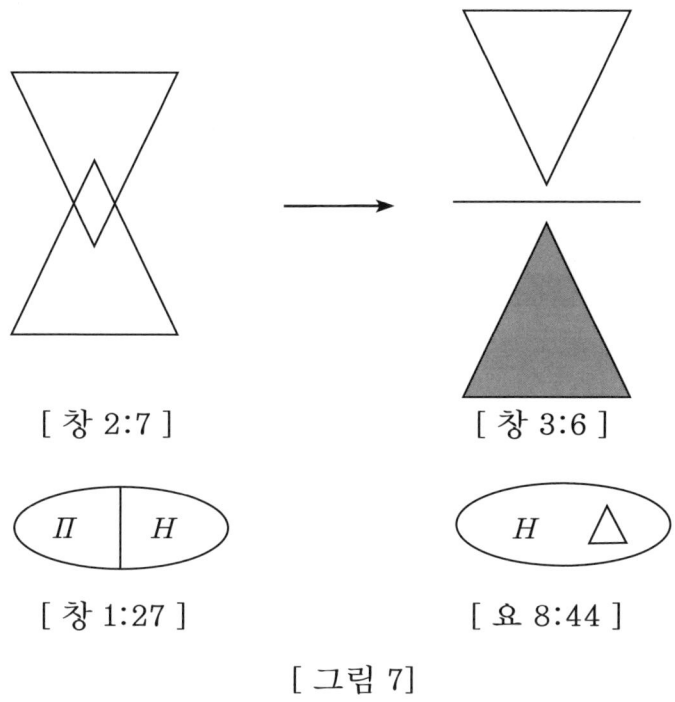

[그림 7]

(히9:27)을 살고는 있지만 영적으로는 하나님의 말씀대로 영생할 수 없는 죽은 사람(창2:17)이 된 것이다.

k. 마귀의 소원

하나님의 소원은 인간이 죄를 짓더라도 마음이 하나님과 화목하기만을 바라신다. 반면에 마귀는 인간의 마음을 하나님으로부터 뺏을 수만 있다면 악한 일은 물론 선한 일로도 서슴지 않고 미혹한다. 마귀는 인간의 마음을 미혹할 수만 있다면 진리까지도 미끼로 사용한다는 점을 잊지 말아야 한다. 하나님과 마귀의 영적 전쟁은 인간의 마음을 뺏는 쟁탈전이다.

　주님께서 원수를 사랑하라고 하시고 십자가의 사랑으로 모든 사람들의 죄를 사해주신 것 때문에 박애주의적인 사랑의 종교로 이해하여 교회들은 많은 구제활동을 한다. 구제사업을 하는 것은 좋으나 제3자가 교회가 구제사업을 하는 것을 알게 해서는 절대로 안 된다. 교회는 죽은 영혼을 살려야 하는 곳이지 육신을 구제하는 곳이 아니다.

　교회가 구제사업을 하는 것을 불신자들이 알면 기독교를 육신과 세상을 구원하기 위한 종교로 잘못 알고 믿는 사람이 생길 수 있기 때문이다. 그래서 예수 믿는 것을 구제사업으로 착각하여 열심히 구제사업하다가 영혼은 지옥가게 될 수 있기 때문이다. 그래서 주님께서도 구제를 할 때는 "오른손의 하는 것을 왼손이 모르게 하라."(마6:3)라고 하셨다. 교회는 구제를 해도 하나님만 보고 구제해야지 사람을 보고 구제해서는 절대로 안 된다.

　3) 천국구원의 조건

　"예수께서 길에 나가실 새 한 사람이 달려와 꿇어앉아 묻자오되 선한 선생님이여 내가 무엇을 하여야 영생을 얻으리이까? 예수께서 이르시되 네가 어찌하여 나를 선하다 일컫느냐? 하나님 한분 외에는 선한 이가 없느니라. 네가 계명을 아나니 살인하지 말라, 간음하지 말라, 도적질하지 말라, 거짓 증거하지 말라, 속여 취하지 말라, 네 부모를 공경하라 하였느니라. 여짜오되 선생님이여 이것은 내가 어려서부터 다 지키었나이다. 예수께서 그를 보시고 사랑하사 가라사대 네게 오히려 한 가지 부족한 것이 있으니 가서 네 있는 것을 다 팔아 가난한 자들을 주라. 그리하면 하늘에서 보화가 네게 있으리라. 그리고 와서 나를 좇으라 하시니 그 사람은 재물이 많은 고로 이 말씀을 인하여 슬픈 기색을 띠고 근심하며 가니라."(막10:17-22)

a. 본문의 중요성

본문은 주님께서 십자가를 지시기 위해 예루살렘으로 가시는 마지막 길의 여리고 근처에서 있었던 사건이다. 성육신하신 주님의 공생애 사역을 총 결산한 것이라는 뜻이다. 따라서 본문의 해석은 곧 기독신앙의 본질을 규정하는 것이므로 본문의 해석 여하에 따라 기독신앙이 결정된다는 의미이다.

하나님의 축복으로 세상에 부러울 것이 없을 것으로 믿어 의심치 않는 젊은 청년이지만 천국구원에는 확신이 없었다. 영생에 대한 소원이 얼마나 간절했던지 무리 수만 명(눅12:1)이

보고 있는 앞에서 부자며 관원(눅18:18)인 젊은 청년으로서의 모든 자존심을 다 버리고 주님 앞에서 땅에 무릎을 꿇고 구원의 방법을 구했다.

  육신의 문제로 주님께 와서 무릎을 꿇은 사람들은 많이 있었지만 영혼구원의 문제로는 복음서 전체에서 이 부자청년이 유일한 사람이다. 그만큼 자신의 영혼구원 문제가 절실했던 사람이다. 영혼구원에 관한 성경적인 엄청난 강조법이다.

  b. 구제 구원론

  주님께서 영생을 얻기 위한 조건으로 제시하신 계명들을 어려서부터 완전히 다 지켰다고 장담하는 이 청년에게 오히려 네게 '한 가지 부족한 것'이 있다고 말씀하신다. 이 청년이 계명들을 완전히 지켰다고 생각하고 있음에도 불구하고 아직도 본인 스스로 구원의 확신이 없는 것은 '한 가지 부족한 것'이 있기 때문이라고 구체적으로 지적하신다.

  따라서 본문 해석의 핵심은 주님이 지적하신 이 청년의 '한 가지 부족한 것'이 정확히 무엇인지를 구체적으로 규명하는 문제일 것이다. 주님께서 이 청년의 문제가 '한 가지 부족한 것'이 있다고 지적하신 다음에 가서 네 재물을 다 팔아 가난한 사람들에게 주라고 하신다. 하지만 이 청년은 재물이 많아서 이를 행하지 못했다고 말씀하고 있기 때문에 주님이 지적하신 '한 가지 부족한 것'의 의미를 가난한 사람들을 구제할 '이웃 사랑의 마음이 부족한 것'으로 모든 교회가 해석한다.

본문에 대한 이런 해석 때문에 기독교가 사랑의 종교이고 구제사업이 교회의 사명이고 구원의 조건인 것처럼 가르치는 기독교가 된 것이다.

본문에 대한 이런 해석 때문에 기독교는 '피복음적'인 오직 믿음으로 구원받고 제자훈련으로 대표되는 선하고 의로운 삶인 이웃 사랑의 구제 등을 행함으로 천국에 들어간다는 모순되고 웃지 못할 기독교의 이중적인 구원론이 정당화되고 있다. 그러나 성경이 증거하는 것은 오직 믿음으로 구원(요3:16)을 받는다는 것이지 결코 행함으로 천국에 들어간다고는 어디에서도 말씀하고 있지 않다.

c. 한 가지 부족한 것

주님께서 이 부자 청년에게 '한 가지 부족한 것'이라고 지적하신 것이 과연 이웃 사랑의 구제할 마음인가? 만일 기독교의 구원의 조건이 이웃 사랑의 구제사업이라면 '오직 믿음'(요3:16)이 아니라 행위 구원이어야 할 것이다.

주님이 지적하신 이 청년의 '한 가지 부족한 것'을 본문에서 구체적으로 규명하기 위해서는 먼저 이 청년이 예수님을 '선한 선생님'으로 평가한 것부터 정확히 따져봐야 한다.

외모밖에 볼 수 없는 인간으로서는 이 청년이 어떤 의도로 주님을 '선한 선생님'이라고 말씀드렸는지 본인 외에는 누구도 알 수 없다. 이 청년이 이렇게 말한 의도를 실제로 알 수 있는 분은 중심을 보실 수 있는 오직 주님뿐이다.

청년의 주님 평가에 대한 주님의 해석은 '네가 어찌하여 나를 선하다고 일컫느냐? 하나님 한분 외에는 선한 이가 없느니라'다. 청년이 보아서 알고 있는 주님은 하나님이 아니라 사람이기 때문에 선할 수 없다는 말씀이다. 이 청년은 주님을 사람으로밖에, 하나님으로는 볼 수 없는 사람이라는 뜻이다.

외모밖에 볼 수 없는 인간으로서는 하나님이 함께 하시지 않고는 누구도 성육신하신 신인 예수 그리스도를 사람으로밖에 볼 수 없지, 하나님으로는 볼 수 없다.(마16:17) 주님께서 지적하신 이 청년에게 있어서 '한 가지 부족한 것'은 '하나님이 없다'는 말씀이다.

주님께서는 이 청년에게 '한 가지 부족한 것'이 하나님이 없는 것이라는 주님의 지적을 혹시라도 사람들이 올바로 깨닫지 못할까 우려하셔서 분명히 10계명을 말씀하시면서도 의도적으로 1계명에서 4계명까지의 하나님 계명은 생략하시고 5계명에서 10계명까지의 사람 계명만 말씀하셨다.

d. 그를 보시고 사랑하사

주님께서 본문을 잘못 해석하지 않도록 주도면밀하게 모든 조치를 강구하셨음에도 불구하고 본문을 해석하면서 주님께서 의도적으로 하나님 계명을 생략하셨다는 점을 발견하지 못하는 이유는 아마도 주님이 말씀하신 계명들을 어려서부터 다 완전히 지켰다고 자신 있게 대답한 청년을 보시고 주님이 사랑하신다고 말씀하셨기 때문인 것 같다. 즉 이 청년의 문제가 하나님이 부족한 것이라면 하나님 계명을 생략한 그 외의 계명을 다 지킨 청년에게 주님께서 사랑한다고 말씀하셔서는 안 된다고 생각하기 때문이다.

본문을 올바로 해석하기 위해서는 주님께서 이 청년을 사랑하신 이유가 무엇인지를 정확히 규명해야 한다. 하나님이 함께 하시어 하나님의 역사로 사람 계명을 지키는 것은 이스라엘이 여리고성을 함락하는 것과 같이 본인으로서는 어려운 일이 아니다.

그러나 하나님이 함께하시지 않은 상태에서 사람 계명을 어려서부터 완전히 지킨다는 것은 웬만한 의지적 결단과 노력이 없이는 보통사람으로서는 할 수 없는 대단히 어려운 일이다.

그래서 이 청년의 심령 속을 직접 보실 수 있는 주님께서 '너는 하나님도 함께하시지 않은 사람이 어떻게 그토록 사람 계명을 어려서부터 완전히 지켰느냐? 참 대단하다!' 고 말씀하신 것이 '예수께서 그를 보시고 사랑하사' 라고 기록한 것이다.

e. 다 팔아 가난한 자들을 주라

주님께서는 이 청년의 중심을 보시고 이렇게 평하셨지만 곁에서 이 말씀을 듣고 있던 외모밖에 볼 수 없는 사람들은 주님을 비난하였다. 이 청년에게 하나님이 함께하시지 않았으면 어떻게 계명들을 어려서부터 완전히 지켰겠느냐는 것이다.

주님만 보실 수 있는 하나님이 함께하고 계시지 않은 이 청년의 중심을 가시적 결과만 볼 수 있는 사람들에게 보여주신 것이 '네 있는 것을 다 팔아 가난한 자들을 주라' 고 하신 것이다. 이 청년이 이를 행할 수 없었던 것은 전능하신 하나님인 금나와라 뚝딱 은나와라 뚝딱의 '도깨비 방망이' 가 없기 때문이다. 초월적 영이신 하나님이시기 때문에 함께하신다고 자기 짐작으로 착각하고 있는 사람들에게 실제적인 이 청년의 상태를 가시적으로 확인시켜 주신 것이다.

f. 성경적 구원

예수의 피로 육신의 죄를 사함 받는다고 천국의 영생을 얻는 것이 아님은 물론, 재물을 다 팔아 가난한 사람들을 구제한다거나 남을 위해 자신의 목숨을 내어준다(고전13:3)고 해서 천국에 들어갈 수 있는 것은 절대 아니다. 유일한 성경적 구원은 오직 예수 그리스도를 믿는 것(요3:16)이다.

예수 그리스도를 믿는다는 것은 주님을 자신의 심령 속에 영접(요1:12)하는 것이다. 주님을 영접한다는 것은 삼위일체 하나님이 성령으로 육신의 인간 심령 속에 임마누엘하시는 것뿐이다.

성령침례(요3:5)를 받지 않고서는 누구도 천국에 들아 갈 수 없다.

7장
하나님의 구원

성경적 구원론은 인간의 자력에 의한 것이 아님은 물론 하나님께서 직접 하시겠다는 것도 아니다. 하나님께서 육신의 인간을 구원하시겠다는 약속은 오직 하나님이면서 동시에 인간이신 신인 메시아에 의해서만 하시겠다는 것이다.

1. 율법의 임무

"나의 행하는 것을 내가 알지 못하노니 곧 원하는 이것은 행치 아니하고 도리어 미워하는 그것을 함이라. 만일 내가 원치 아니하는 그것을 하면 내가 이로 율법의 선한 것을 시인하노니 이제는 이것을 행하는 자가 내가 아니요 내 속에 거하는 죄니라. 내 속 곧 내 육신에 선한 것이 거하지 아니하는 줄을 아노니 원함은 내게 있으나 선을 행하는 것은 없노라. 내가 원하는바 선은 하지 아니하고 도리어 원치 아니하는바 악은 행하는도다. 만일 내가 원치 아니하는 그것을 하면 이를 행하는 자가 내가 아니요 내 속에 거하는 죄니라. 그러므로 내가 한 법을 깨달았노니 곧 선을 행하기 원하는 나에게 악이 함께 있는 것이로다. 내 속 사람으로는 하나님의 법을 즐거워하되 내 지체 속에서 한 다른 법이 내 마음의 법과 싸워 내 지체 속에 있는 죄의 법 아래로 나를 사로잡아 오는 것을 보는도다."(롬7:15-23)

a. 로마서 7장 15절

하나님이 절대선이고 절대의인 것은 전능하시기 때문이다. 전능자는 선하고 의로울 수밖에 없다. 하나님뿐 아니라 어느 누구도 능력이 없으면 선할 수도 의로울 수도 없다. 선하거나 의로우려면 능력이 절대 조건이다.

인간은 하나님의 형상대로 창조(창1:27)된 존재이기 때문에 누구나 도덕적으로 하나님과 같이 되려는 속성을 가지고 있어서 선하고 의롭게 살기를 원하지 악하게 살고 싶은 사람은 아무도 없다. 아무리 반복해서 악한 죄를 범하는 사람일지라도 죄를 짓는 것이 좋아서 짓는 사람은 아무도 없다. 그럼에도 불구하고 죄를 짓는 것은 죄를 짓기를 원해서가 아니라 죄를 짓지 않을 능력이 없기 때문이다.

죄를 짓지 않을 능력이 없으면 누구나 죄를 지을 수밖에 없다. 인간의 이런 점을 본문은 "나의 행하는 것을 내가 알지 못하노니 곧 원하는 이것(선)은 행치 아니하고 원치 아니하는 그것(악)을 함이라."라고 말씀하셨다. 죄를 짓기 원치 않으면서도 죄를 짓지 않을 능력이 없어서 죄를 짓고 있다는 말이다.

b. 로마서 7장 16절

율법은 하나님의 법이다. 율법은 죄를 짓지 말라고 가르치지 죄를 지으라고 말씀하지 않는다. 그렇다면 본문에서 바울은 자기가 죄를 짓지 않고 선하게 사는 것을 보니 율법이 선하다고 해야 옳다. 그런데 오히려 자신이 악하게 죄를 짓는 것을 보니 율법이 선하다고 말하고 있다. 율법의 임무를 올바로 정립하지 못하고서는 이해하기 어려운 말씀이다.

율법의 첫 번째 임무는 죄를 죄로 깨닫게 하는 것이다. '살인하지 말라' 는 율법이 없는 식인종은 사람을 죽이는 것을 죄로 여기지 않는다. 이런 식인종에게는 '살인하지 말라' 는 율법이 있어야 사람을 죽이는 것이 죄라는 것을 알게 될 것이다. 그래서 "율법으로는 죄를 깨달음이니라"(롬3:20)라고 말씀하는 것이다.

율법의 두 번째 임무는 죄를 죄 되게 하는 것이다. 선악과를 따먹지 말라(창2:17)는 율법이 있기 전에 선악과를 따먹는 것(창2:9)은 죄가 아니다. 살인하지 말라는 율법이 없는 식인종이 사람을 죽이는 것은 죄가 아니다. 그래서 "율법이 없는 곳에는 범함도 없느니라."(롬4:15)라고 말씀할 뿐 아니라 "계명으로 말미암아 죄로 심히 죄 되게 하려함이니라."(롬7:13)라고 말씀하신다. 세상의 법률에서도 그 법률이 제정되기 이전의 범죄 사실에 관하여 소급하여 적용하지 아니하는 불소급의 원칙을 적용한다.

율법의 세 번째 임무는 죄를 짓지 않기를 원하는 사람을 만드는 것이다. 율법은 지키게 하기 위해서 있다. 그런데 아무리 '살인하지 말라'는 율법이 있어도 살인죄에 대해 아무런 처벌을 하지 않으면 '살인하지 말라'는 율법은 있으나 마나이다. 죄를 짓지 않기를 원하게 하기 위해서 율법의 처벌 규정이 "생명은 생명으로, 눈은 눈으로, 이는 이로, 손은 손으로, 발은 발로, 데운 것은 데움으로, 상하게 한 것은 상함으로, 때린 것은 때림으로 갚을지니라."(출21:23-25)와 같이 무서운 것이다.

이렇게 율법의 처벌 규정이 무서운 것은 지금도 회교국들에서 문자적으로 적용하고 있는 것처럼 처벌 자체를 위한 것이 아니다. 주님께서 해석(마5:38-42)하신 것과 같이 다시는 율법을 범하지 않기를 원하는 사람이 되게 하려는 것이 목적이다.

가장 중요한 율법의 네 번째 임무는 속죄 제사다. 율법을 범하고 속죄 제사를 지내면 하나님께서 범한 모든 죄를 사해 주신다는 것은 인간은 죄를 짓지 않을 수 없는 존재라는 의미다.

인간이 죄를 범하지 않을 수 있음에도 속죄 제사로 사해주신 다면 그 하나님은 공의의 하나님이 아니다. 죄를 짓지 않을 수 없는 인간으로 창조하신 하나님으로서는 죄를 사해주셔야 공의의 하나님이시다.

바울은 율법대로 죄를 짓기를 원치 않았지만 율법대로 죄를 지을 수밖에 없는 것을 보니 율법이 선하다는 것이다.

c. 롬7:17-23

바울은 율법을 범하지 않기를 원하고 있음에도 불구하고 범하는 것은 그 행위자가 자기가 아니기 때문이라고 한다. 자기 속에는 자신의 심령(H)과 죄를 짓게 하는 마귀(Δ)의 두 자아(自我)가 함께 있다는 것이다. 마귀는 감지할 수 없는 영적 존재이면서 비인격적 관계로 인간의 심령에 실제로 내주해있는 존재다. 인간의 심령보다 능력이 월등하게 크기 때문에 아무리 죄를 짓지 않기를 원해도 마귀의 역사로 죄를 지을 수밖에 없는 것이 인간이다.

성경이 요구하는 분별의 수준은 겉으로 나타난 행위의 문제 정도가 아니다. 겉으로는 동일한 행위임에도 자신의 행위인지 마귀의 행위인지를 구별하지 않으면 안 된다는 것이다. 주님께서는 이런 점을 "누구든지 나의 이 말을 듣고 행하는 자는 그 집을 반석 위에 지은 지혜로운 사람 같으리니 비가 내리고 창수가 나고 바람이 불어 그 집에 부딪히되 무너지지 아니하나니 이는 주초를 반석 위에 놓은 연고요 나의 이 말을 듣고 행치 아니하는 자는 그 집을 모래 위에 지은 어리석은 사람 같으리니 비가 내리고 창수가 나고 바람이 불어 그 집에 부딪히매 무너져 그 무너짐이 심하니라."(마7:24-27)라고 하시어 반석 위에 지은 집과 모래 위에 지은 집으로 잘 정리해 주셨다. 겉으로 나타난 행위로서의 두 집은 동일하지만 행위의 원인인 심령 속은 반석인 성령과 모래인 마귀가 다르다는 말씀이다. 성령의 역사로 되어진 행위만이 행한 것이지 마귀의 역사로 행한 것은 아무리 선하게 보이는 행위일지라도 행한 것이 아니라고 하신다.

인간은 이성적으로는 하나님의 법인 율법을 지키고 싶은 것이 마음(H)의 법이지만 실제 행위에 있어서는 인간의 육신을 지배하고 있는 마귀(Δ)의 죄의 법에 사로잡혀 죄를 짓지 않을 수 없게 된다. 이런 마귀의 역사를 명확히 보고 알고 있으면서도 마귀를 이길 능력이 없기 때문에 마귀를 뿌리치고 자기의 원과 의지대로 행한다는 것이 인간에게는 전혀 불가능하다.

2. 성경적 구원

"오호라 나는 곤고한 사람이로다. 이 사망의 몸에서 누가 나를 건져내랴. 우리 주 예수 그리스도로 말미암아 하나님께 감사하리로다. 그런즉 내 자신이 마음으로는 하나님의 법을, 육신으로는 죄의 법을 섬기노라. 그러므로 이제 그리스도 예수 안에 있는 자에게는 결코 정죄함이 없나니 이는 그리스도 예수 안에 있는 생명의 성령의 법이 죄와 사망의 법에서 너를 해방하였음이라."(롬7:24-8:2)

a. 롬7:24

누구든지 자신의 심령 속을 정직하게 볼 수 있는 바울이나 베드로 같은 사람(눅5:8)은 "오호라 나는 곤고한 사람이로다. 이 사망의 몸에서 누가 나를 건져내랴!"라는 탄식을 하지 않을 수 없을 것이다. 아무리 의지적 결단을 하고 훈련을 하고 노력을 한다 해도 이 탄식이 없는 사람은 누구도 결코 구원받을 수 없다. 바울의 이 탄식은 "내가 내 동족 중 여러 연갑자보다 유대교를 지나치게 믿어 내 조상의 유전에 대하여 더욱 열심이 있었으나"(갈1:14)라고 할 만큼 결단하고 훈련하고 노력했던 바리새인으로서이지 이방 죄인의 탄식이 아니다.

현대에 이르러는 알코올이나 마약, 도박이나 게임 중독 등에 잡혀 고생하는 사람들이 너무 많다. 어떤 의지적 결단이나 훈련으로도 이런 중독에서 완전히 자유롭게 되는 것은 불가능하다. 겉으로 보기에 치료된 것처럼 보일뿐이지 심령 속은 여전히 중독의 욕구에 시달리고 있다. 해결책은 자신의 의지적 결단과 훈련이 아니라 오히려 단 하나 완전 자기 포기의 참된 탄식이 있지 않으면 안 된다.

b. 성경적 구원

성경적 구원은 하나님이 인간을 구원하시는 것이지 자력 구원이 아니다. 자력 구원이 불가능한 것은 인간 자신의 능력으로서는 마귀로부터 자유할 수 없기 때문이다. 마귀로부터 자유하기 위해서는 반드시 자신이 아닌 제3자가 도와주어야 한다. 따라서 자신을 마귀로부터 구원할 제3자의 자격이 중요할 수밖에 없다. 구원자의 자격 요건은

첫째, 그 구원자는 반드시 마귀보다 능력이 크지 않으면 안 된다. 마귀보다 능력이 작아서는 마귀로부터 나를 구원한다는 것은 불가능하다. 비인격적 관계로 나를 지배하고 있는 마귀로부터 나를 구원하기 위해서는 절대적으로 능력이 마귀보다 크지 않고서는 전혀 가능하지 않다는 것이다.

둘째, 그 구원자는 반드시 영이어야 한다. 마귀는 원자탄을 터뜨려도 눈 하나 깜짝하지 않는다. 자신을 마귀로부터 구원할 수 있으려면 반드시 영적 존재이어야만 가능하다. 물리적 존재이어서는 어떤 방법으로라도 가능하지 않다.

셋째, 그 구원자는 무조건 내 편이어야 한다. 종교적인 사람들은 자신이 선하게 행하면 복을 받고 죄를 지으면 벌을 받을 것으로 생각한다. 그런데 본문에서의 바울은 선을 행하면서가 아니라 죄를 지으면서 도움을 요청하고 있다. 이러한 의미는 선악과는 상관없이 무조건 내 편이 되어 나를 도와서 구원하지 않으면 안 된다는 것이다.

넷째, 그 구원자는 반드시 자신의 육신 속에 직접 들어 와서 심령에서 역사하여 해결해야만 한다. 본문에서의 바울의 행위의 문제는 속사람인 마음의 능력의 문제이지 행위 자체의 문제가 아니다. 행위는 심령의 능력의 결과일 뿐이라는 말이다.

c. 롬7:24-8:2

마귀보다 능력이 크고 영으로 인간의 육신 속 심령에 들어와서 마귀로부터 구원할 수 있는 유일한 길은 삼위일체 하나님이 성령으로 인간의 심령 속에 들어오시는 방법밖에 없다. 그것을 "그리스도 예수 안에 있는 생명의 성령의 법이 죄와 사망의 법에서 너를 해방하였음이라."고 말씀하는 것이다. 이렇게 삼위일체 하나님이 자신의 심령 속에 성령으로 들어오시는 것이 자신의 마음의 주인을 주님으로 바꾼(행16:31) 것이고, 주님을 영접하고 그 이름을 믿(요1:12)는 것이며, 물과 성령으로 거듭나(요3:5)는 것이다.

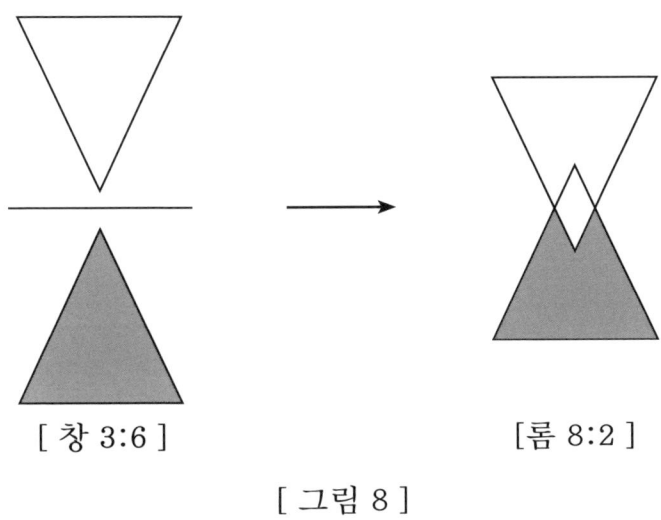

[창 3:6]   [롬 8:2]

[그림 8]

3. 하나님의 성전

하나님이 거하시는 처소가 성전이다. 하나님은 세상에 계시지 않고 천국에 거하면서도 시공을 초월하는 전능자이시기 때문에 언제든지 세상에서도 역사하실 수 있다. 원칙적으로 삼위일체 하나님의 거처는 항상 천국이지 세상이 아니다.

  하나님이 인류 역사상 세상에 거처를 정하셨던 단 한 번의 예외적인 경우가 사람을 창조(창2:7)하셔서부터 선악과 범죄 전까지의 아담과 하와의 심령 속뿐이었다. 그리고 구약과 신약의 모든 내용은 인간의 심령 속에 하나님께서 다시 들어오시기 위한 과정이다.

  a. 솔로몬 성전

  모세의 성막이나 솔로몬 성전에 하나님이 들어와 계셨던 것으로 오해하고 있는 사람들이 많다. 그러나 성경은 "하나님이 참으로 땅에 거하시리이까. 하늘과 하늘들의 하늘이라도 주를 용납하지 못하겠거든 하물며 내가 건축한 이 전이오리이까. 그러나 나의 하나님 여호와여 종의 기도와 간구를 돌아보시며 종이 오늘날 주의 앞에서 부르짖음과 비는 기도를 들으시옵소서. 주께서 전에 말씀하시기를 내 이름이 거기 있으리라 하신 곳 이 전을 향하여 주의 눈이 주야로 보옵시며 종이 이곳을 향하여 비는 기도를 들으시옵소서. 종과 주의 백성 이스라엘 이곳을 향하여 기도할 때에 주는 그 간구함을 들으시되 주의 계신 곳 하늘에서 들으시고 들으시사 사하여 주옵소서."(왕상 8:27-30)라고 하심 같이 세상의 성전에는 한 순간도 계신 적이 없었다.

이럼에도 불구하고 사람들이 하나님께서 성전에 계셨던 것으로 착각하게 된 것은 모세와 솔로몬에게 성전을 짓게 하시고 또 실제로 그곳에 계신 것처럼 하나님께 제사를 드리게 하시고, 지성소에서 사람들을 만나시고 또 그 외에 여러 가지로 역사하셨기 때문이다. 이러한 모든 것의 궁극적인 목적은 인간의 심령 안에 들어오시기 위한 과정이다. 하나님은 전능하심에도 인간의 심령 속에 들어오시려면 인간이 영이신 무감지의 하나님을 인격적인 실제적 영접의 결혼으로만 가능하지, 침입하실 수 없기 때문이다.

b. 금송아지 신앙

인간은 가시적 결과만이 기준이기 때문에 보이지 않는 초월적 존재이신 하나님을 실제로 믿는 것은 불가능한 존재다. 하나님이 애굽에서 열 가지 재앙을 내리시고 이스라엘을 홍해를 건너 마른땅으로 가게 하시고는 뒤쫓던 애굽 군대는 전부 홍해에 빠져죽게 하셨다. 그래서 홍해를 건넌 이스라엘은 미리암을 따라 하나님을 찬송했다.(출15:19-21)

그뿐만 아니라 낮에는 뜨거운 광야에서 구름 기둥으로 햇볕을 가려주시고, 밤에는 추위에 떨지 않도록 불기둥으로 따뜻

하게 보호해주셨다. 더구나 매일 만나로 그 많은 백성들을 먹이셨다. 이러고도 하나님을 믿지 않으면 기적일 것이다. 그러나 모세가 시내산에 하나님을 만나러 올라가 40일 동안 보이지 않자 금송아지를 만들었다.(출32:1) 이스라엘 사람들도 보이지 않는 하나님을 믿고 있었다고 착각하고 있었지만 실제로는 보이는 모세만을 믿고 있었다는 객관적 증거가 보이는 금송아지를 만든 것이다.

c. 선악과 독약

하나님께서는 선악과를 따먹으면 틀림없이 죽으니 절대로 선악과만은 따먹지 말라고 경고하셨다. 그런데 아담과 하와는 선악과를 따먹었다고 성경이 증거한다. 선악과를 따먹으면 틀림없이 죽는다는 하나님의 강력한 경고를 무시하고 선악과를 따먹는, 이런 일이 과연 실제로 있을 수 있는 일일까?

자신도 6개월 후면 죽는 시한부 인생이라는 사실을 확실하게 알고 있는 환자에게 이 병이 완치될 수 있다는 특별한 약을 권한다면 먹지 않을 사람이 없을 것이다. 그래서 이 약을 먹으려는 환자에게 만일 다른 사람이 그 약을 입에만 대도 당장 죽는다고 했을 경우, 과연 이 환자가 남은 6개월의 인생을 걸고 이 약을 먹는 모험을 감행할 수 있겠는가?

시한부 인생의 환자들을 전문으로 다루는 전문의의 견해는 단호하다. 절대로 자신의 6개월 남은 인생을 걸고 이 약을 먹는 도박을 할 사람은 아무도 없다는 것이다. 그렇다면 아담과 하와는 젊고 건강했으며 환경 조건도 가장 완전한 에덴에서 살고 있으면서 왜 어떻게 해서 선악과를 따먹었을까? 아담과 하와가 선악과를 따먹었다는 것은 전혀 말이 되지 않는다. 그런데 성경은 따먹었다는 것이다.

그렇다면 어떤 경우라야 아담과 하와가 선악과를 따먹을 수 있을까? 선악과를 따먹을 수 있는 경우는 단 하나밖에 없다. 선악과를 따먹어도 죽지 않는다고 할 경우이다. 아담과 하와가 금단의 열매를 따먹었다는 것으로 성경이 증거하는 바는 육적으로는 전혀 감지할 수 없는 영이신 하나님은 전혀 존재하지 않는다는 것을 목숨을 걸고 확신하는 것이 인간이라는 객관적인 증거인 것이다. 어떤 인간도 영이신 하나님을 실제로 믿는다는 것은 전혀 불가능하다고 증거하고 있는 것이 성경이다.

d. 뱀의 미혹

따먹으면 반드시 죽는다는 하나님의 강력한 경고에도 불구하고 아담과 하와가 선악과를 따먹은 것은 뱀이 미혹했기 때문이다.(창3:1-5) 땅에 기어 다니는 뱀의 성경적 의미는 눈에 보이는 것들 중에 가장 보잘 것 없는 존재이다.

인간이란 온 우주 만물을 창조하신 영이신 하나님보다 눈에 보이는 뱀을 목숨을 걸고 더 신뢰하는 존재라는 것을 객관적으로 증거한 것이, 하나님의 경고를 무시하고 뱀의 말을 듣고 선악과를 따먹었다는 성경적 의미다. 인간은 보이는 것이 아니면 절대로 믿지 않는 치명적 약점을 갖고 있는 존재다.

e. 하나님의 성전

하나님과 인간의 완전한 인격적인 연합에 의한 결혼으로 인간의 영혼을 구원하는 문제는 인간 뿐만이 아니라 하나님께도 가장 어려우신 과제다. 구약에서의 과정은 신약에서 신랑이신 하나님과 신부인 인간이 결혼하기 위해 인격적으로 실제 교제를 하는 약혼 기간이다.

그러나 보이는 것이 아니면 안 되는 인간으로서는 보이지 않는 하나님과 실제적인 교제를 한다는 것은 전혀 가능하지 않다. 자신은 진심으로 하나님과 교제를 한다고 생각하는 교제가 하나님이 아닌 전혀 다른 것과 교제하는 것이 일반적인 것이다. 그래서 하나님께서는 하는 수 없이 인간에게 보일 수 없는 하나님의 목적과 보이는 것이 아니면 안 되는 인간의 약점을 다 충족시키기 위한 것으로 준비하신 것이 하나님의 성전이다. 보이지 않는 하나님이 보이는 이 성전을 통해서 인간과 실제적인 교제를 하신 것이다.

f. 그림자 성전

하나님의 성전은 하나님이 거하시는 집이지 하나님 자신은 아니다. 육안으로 볼 수 있는 세상에 있었던 성전에는 하나님이 거하신적이 없었다.(왕상8:27-30) 하나님이 실제로 살고 계신 성전은 하늘에 있는 천국성전뿐이다.

세상에 있었던 가시적인 하나님의 성전은 "저희가 섬기는 것은 하늘에 있는 것의 모형과 그림자라. 모세가 장막을 지으려 할 때에 지시하심을 얻음과 같으니 가라사대 삼가 모든 것을 산에서 네게 보이던 본을 좇아 지으라 하셨느니라."(히8:5)라고 하심 같이 참 성전인 천국성전의 모형이며 그림자이고 비유(히9:9)일 뿐이다.

g. 성전 신앙

하나님이 인간의 심령 안에 들어오시려면 인간이 인격적으로 영접해야만 가능하지 강제로 침입해 들어오실 수 없다. 그러려면 인간이 자신의 심령 속에 하나님께서 들어오실 수 있다는 것이 믿어져야만 한다. 그렇지 않으면 영접하려하지 않을 것이다. 그러기 위해서 성전에 계신 것을 먼저 믿고 교제하게 하신 것이다.

하늘들의 하늘이라도 용납할 수 없는(왕상8:27) 우주보다 크신 초월적 하나님이 성전의 제한된 공간 안에 들어와 계신다는 것은 이성적이고 합리적인 설명이 불가능하다. 그러나 하나님이 성전 안에 들어와 계시다는 것을 믿는 사람이라면 조금만 더 줄여 인간의 심령 속에 들어오실 수 있다는 것을 믿는 것은 그리 어려운 문제가 아니다. 그래서 하나님께서는 "여호와의 명하시지 않은 다른 불을 담아 여호와 앞에 분향하였더니 불이 여호와 앞에서 나와 그들을 삼키매 그들이 여호와 앞에서 죽은지라."(레10:1-2)라는 말씀과 같이 하나님이 성전에 계신다는 것을 강제로 믿게 하신 것이다.

h. 침례요한의 예비

침례요한은 "보라 내가 내 사자를 네 앞에 보내노니 저가 네 길을 예비하리라."(막1:2)의 말씀대로 예수 그리스도보다 앞서 와서 주님의 길을 예비한 사람이다. 주의 길을 예비한 예비자가 있다는 말은 예비자가 예비하지 않으면 주님이 오실 수 없다는 의미다. 그렇다면 침례요한이 무엇을 예비하였기에 예비하지 않으면 주님이 오실 수 없는가?

침례요한이 주의 길을 예비한 것은 침례요한이 죄 사함을 얻게 하는 침례(눅3:3)를 행한 것이다. 문제가 되는 것은 침례요한에게 와서 죄 사함을 받기 위해 침례를 받은 사람들은 "이때에 예루살렘과 온 유대와 요단강 사방에서 다 그에게 나아와 자기들의 죄를 자복하고 요단강에서 그에게 침례를 받더니" (마3:5-6)라고 하심 같이 유대인들이지 이방인들이 아니라는 점이다.

이방인들이 침례요한에게 와서 침례를 받아 죄 사함을 받았다면 오히려 당연하다 하겠지만, 유대인들이 죄 사함을 받기 위해 모세의 율법대로 하나님의 성전에서 양의 피로 속죄 제사를 드리지 않고, 침례요한에게 침례를 받았다는 것은 보통 문제가 아니다. 이러한 성경의 증거가 의미하는 바는 침례요한에 의해서 실제로는 하나님이 계시지 않은 가시적인 그림자 성전이 폐지됐다는 말씀이다. 침례요한이 주의 길을 예비한 것은 주님이 오시기 전에 그림자 성전을 폐지했다는 말씀이다.

i. 하나님의 참 성전

하나님이 실제로 거하시고 계신 참 성전은 "예수께서 대답하여 가라사대 너희가 이 성전을 헐라 내가 사흘 동안에 일으키리라. 유대인들이 가로되 이 성전은 46년 동안에 지었거늘 네가 3일 동안에 일으키겠느뇨 하더라. 그러나 예수는 성전된 자기 육체를 가리켜 말씀한 것이라."(요2:19-21)라고 말씀하심 같이 예수 그리스도의 육신이다.

주님이 오시기 전에 침례요한에 의해 그림자 성전이 폐지되지 않으면 하나님의 성전이 둘이 된다. 때문에 하나님이 실제로 거하시고 계신 참 성전이 오시기 전에 반드시 그림자 성전은 폐지되어야만 한다. 가시적인 그림자 성전을 미리 폐지하지 않으면 보이는 것만이 절대인 인간에게 있어서는 주님은 성전일 수도 하나님일 수도 없기 때문이다.

가시적인 건물인 예배당(禮拜堂)을 아직도 하나님의 성전이라고 믿고 있는 사람들은 아직도 주님이 오시지 않은 침례요한 이전의 구약의 사람들이지 결코 그리스도인이 아니다. 하나님의 성전은 육신의 주님과 성령으로 거듭난 그리스도인들(고전6:19)의 육신뿐이다. 가시적 건물은 절대로 하나님의 성전이 아니다.

4. 마귀의 집

삼위일체 하나님이 성령으로 인간의 심령 속에 들어오심에 있어서 가장 어려운 문제는 인간의 심령 속에 지금까지 있던 마귀가 성령이 들어오시면 쫓겨나가느냐 아니면 성령과 함께 계속 동거하느냐의 신학적 정립이다. 영은 초월적 존재이기 때문에 누구도 자신의 심령 속에 마귀가 떠났는지 계속 머무르고 있는 지를 감지할 수 없기 때문에 이를 성경적으로 신학적으로 올바로 정립하는 문제는 대단히 중요할 수밖에 없다.

성령이 들어오시면 마귀가 떠난다고 이해하는 것이 일반적이다. 성령께서는 마귀보다 능력이 크시기 때문이고, 또 거룩하셔서 마귀와 동거한다는 것은 있을 수 없다는 것이다. 그래서 성령이 들어오시면 마귀가 떠난다고 믿는 것이 구원파의 이단설이다. 성령으로 거듭난 사람이라면 마귀가 없기 때문에 무슨 짓을 해도 다 성령 안에서 한 것이므로 선하고 의롭다는 것이다.

a. 영성신학의 요소

영성신학을 올바로 정립하려면 반드시 세 가지 점에서 완전해야 한다. 첫째는 논리적으로 완전해야 한다. 둘째로는 성경적으로 완전해야 한다. 셋째는 실제로도 완전해야 한다.

b. 논리적 증거

하나님께서 인간에게 논리성을 주신 것은 보이지 않는 영에 관한 것들을 실제로 믿게 하기 위함이다. 인간은 전혀 보이거나 체험해보지 못했어도 논리적으로 모순이 없이 완전하게 증거하면 사실로 믿게 된다.

1차적인 논리로는 성령이 마귀보다 능력이 크시기 때문에 성령이 심령 속에 들어오시면 마귀를 쫓아내신다고 이해하는 것이 옳다. 그러나 하나님은 모든 영적 존재에 대하여 하나님과의 관계에 있어서는 항상 인격적으로만 교제하시는 질서의 하나님이시다. 만일 하나님이 천사에 대하여 인격적으로 관계하지 않으시면 타락한 천사란 있을 수 없다. 그러므로 성령이 들어오셔도 마귀는 떠나지 않는다는 것이 합리적인 성경적 논리다.

c. 성경적 증거

영적인 모든 것의 근거는 오직 성경뿐이다. 성경적으로 증거하지 못하는 것은 아무리 논리적으로 완전하게 변증해도 영적 사실일 수 없다. 주님께서 귀신들려 눈멀고 벙어리 된 자를 고쳐 주신 후에 "내가 하나님의 성령을 힘입어 귀신을 쫓아내는 것이면 하나님의 나라가 이미 너희에게 임하였느니라. 사람이 먼저 강한 자를 결박하지 않고야 어떻게 그 강한 자의 집에 들어가 그 세간을 늑탈하겠느냐. 결박한 후에야 그 집을 늑탈하리라."(마12:28-29)라고 말씀하신다.

하나님의 성전은 하나님의 임재만을 의미하지만 하나님의 나라라는 성경적 의미는 하나님의 임재와 능력의 통치까지를 뜻한다. 하나님이 사람의 심령 속에 오시어 역사하실 때에는 성령으로 임하신다고 말씀하시고는 심령 속에서의 성령과 마귀와의 관계의 문제를 비유로 설명하신다. 사람으로 비유하신 성령이 강한 자로 비유하신 마귀의 집인 인간의 심령 속에 들어오시어 늑탈로 비유하신 역사를 하시려면 마귀를 결박하지 않으면 가능하지 않다고 하신다.

마귀를 결박하신다는 것은 성령께서 심령 속에 들어오셔도 여전히 속에 있다는 말이지 쫓아낸다는 말이 아니다. 성령이 심령 속에 들어오셔도 마귀는 여전히 남아 성령과 동거하고 있다는 말씀이다.

d. 실제적 증거

사도행전 2장 이후(행2:1-4)의 베드로가 성령으로 거듭났다

(요3:5)는 데 누구도 이의가 없을 것이다. 만일 성령이 인간의 심령 속에 들어오시어 마귀를 쫓아내신다면 사도행전 2장 이후의 베드로는 성경적 잘못을 저지르는 일은 전혀 없어야 한다.

그러나 사도행전 2장 이후의 베드로도 "야고보에게서 온 어떤 이들이 이르기 전에 게바가 이방인과 함께 먹다가 저희가 오매 그가 할례자들을 두려워하여 떠나 물러가매 남은 유대인들도 저와 같이 외식하므로 바나바도 저희의 외식에 유혹되었느니라. 그러므로 나는 저희가 복음의 진리를 따라 바로 행하지 아니함을 보고 모든 자 앞에서 게바에게 이르되 네가 유대인으로서 이방을 좇고 유대인답게 살지 아니하면서 어찌하여 억지로 이방인을 유대인답게 살게 하려느냐 하였노라."(갈 2:12-14)의 말씀처럼 여전히 성경적 잘못을 저지른다.

성령으로 거듭나도 결코 마귀는 떠나지 않는다는 실제적인 증거다.

8장
영은 실체다

하나님이 인간의 영혼을 구원하시기 위해서는 인간의 심령 속에 직접 들어오셔야만 한다. 맨 처음 사람을 창조(창2:7)하셨을 때 아담과 하와 속에는 마귀가 없었지만 선악과 범죄 이후 모든 인간의 심령 속에 마귀가 거주하고 있다. 따라서 하나님이 인간의 심령 속에 들어오시려면 마귀와의 동거를 자원하시지 않으면 불가능하다. 하나님께 가장 고통스러우신 일이 이 점이다.

구약에서 대제사장이 1년에 한번 하나님을 만나기 위해 지성소에 들어갈 때에는 털끝만한 흠이나 티가 있어서도 안 된다. 하나님은 거룩하고 거룩하셔서 털끝만한 흠이나 티가 있어도 죽이신다. 그래서 대제사장이 지성소에 들어갈 때에는 허리에 길게 끈을 매고 들어갔다고 한다. 만약 대제사장이 부정해서 죽임을 당했다면 시체를 꺼내러 지성소에 들어갈 사람이 아무도 없기 때문이다. 대제사장이 나올 때가 지나도 나오지 않으면 끈을 당겨서 시체를 끌어냈다고 한다.

"속에서 곧 사람의 마음에서 나오는 것은 악한 생각, 곧 음란과 도적질과 살인과 간음과 탐욕과 악독과 속임과 음탕과 흘기는 눈과 훼방과 교만과 광패니 이 모든 악한 것이 다 속에서 나와서 사람을 더럽게 하느니라."(막7:21-23)라는 주님의 말씀과 같이 사람의 심령 속은 가장 더럽기 때문이다. 그래서 성경에서는 "만물보다 거짓되고 심히 부패한 것은 마음이라."(렘17:9)라고 말씀하신다. 이처럼 부정하기로는 더할 수 없는 마귀가 들어 있는 인간의 심령 속에 거룩하고 거룩하신 하나님이 가장 완전하게 자원해서 직접 들어오셔야만 인간을 구원하실 수 있기 때문이다.

1. 세족식

"유월절 전에 예수께서 자기가 세상을 떠나 아버지께로 돌아가실 때가 이른 줄 아시고 세상에 있는 자기 사람들을 사랑하시되 끝까지 사랑하시니라. 마귀가 벌써 시몬의 아들 가룟 유다의 마음에 예수를 팔려는 생각을 넣었더니 저녁 먹는 중 예수는 아버지께서 모든 것을 자기 손에 맡기신 것과 또 자기가 하나님께로부터 오셨다가 하나님께로 돌아가실 것을 아시고 저녁 잡수시던 자리에서 일어나 겉옷을 벗고 수건을 가져다가 허리에 두르시고 이에 대야에 물을 담아 제자들의 발을 씻기시고 그 두르신 수건으로 씻기기를 시작하여 시몬 베드로에게 이르시니 가로되 주여 주께서 내 발을 씻기시나이까. 예수께서 대답하여 가라사대 나의 하는 것을 네가 이제는 알지 못하나 이 후에는 알리라. 베드로가 가로되 내 발을 절대로 씻기지 못하시리이다. 예수께서 대답하시되 내가 너를 씻기지 아니하면 네가 나와 상관이 없느니라. 시몬 베드로가 가로되 주여 내 발뿐 아니라 손과 머리도 씻겨주옵소서. 예수께서 가라사대 이미 목욕한 자는 발 밖에 씻을 필요가 없느니라. 온 몸이 깨끗하니라. 너희가 깨끗하나 다는 아니니라 하시니 이는 자기를 팔 자가 누구인지 아심이라. 그러므로 다는 깨끗지 아니하다 하시니라."(요13:1-11)

a. 세족식론 정립의 중요성

다른 복음서에서는 전부 주님이 잡히시던 날 저녁에 성찬식을 행하신 것으로 기록하고 있는 반면 유독 요한복음만은 성찬식을 기록하지 않고 주님께서 제자들의 발을 씻겨주신 세족식을 기록하고 있다. 성찬식이나 세족식은 잡히시던 날 저녁에 마지막으로 행하셨기 때문에 주님의 유언과도 같은 절대적으로 중요한 사건들이다. 따라서 이들에 관한 올바른 정립은 기독신앙의 복음과 신학을 규정하는 절대적인 문제일 수밖에 없다.

b. 사랑의 표현

신구교를 막론하고 모든 기독교는 본문의 세족식을 주님께서 마지막으로 제자들의 발을 씻기시는 것을 섬김의 본을 보이신 것으로 한결 같이 해석한다. 잡히시기 직전까지 끝까지 사랑하신 주님의 제자들에 대한 사랑의 극치의 표현이라는 것이다. 그리고 주님께서 섬기셨던 것과 같이 제자들도 세상을 섬기게 하기 위해 본을 보이셨다는 것이다. 교회들이 이런 의미로 세족식을 공식적으로 행하기도 한다.

c. 세족식 문화

본문을 올바로 해석하려면 먼저 팔레스틴 지역에서의 세족식 문화를 알아야 한다. 팔레스틴 지역은 태양이 작열(灼熱)하는 매우 건조한 사막성 기후 지대다. 그래서 강렬하게 쪼이는 태양과 지열 때문에 일상적으로 덮개(upper)가 있는 신을 신지 못하고 덮개가 없는 샌들을 신는다. 그래서 주님의 신발도 항상 샌들을 신으신 것으로 그리는 것이다.

이러한 팔레스틴 지역의 기후적 특성 때문에 샌들을 신는 것은 단지 발을 뜨겁지 않게 하려는 것뿐이며 건조하여 항상 흙먼지가 일기 때문에 깨끗케 하는 데는 아무 소용이 없다. 그래서 그 지역 집들의 대문 앞에는 밖에서 들어오는 사람들이 발을 씻을 수 있게 항상 물이 준비되어있다. 주님께서 물을 포도주로 만드신 가나 잔칫집에 관한 기사에도 "거기 유대인의 결례를 따라 두세 통 드는 돌 항아리 여섯이 놓였는지라."(요2:6)라고 말씀하는 돌 항아리의 물은 발을 씻기 위한 물이지 마실 물이 아니다.

d. 영접의 인사

당연히 자기 집을 찾아 온 손님도 집 안에 들어오려면 발을 씻지 않으면 안 될 것이다. 이런 문제 때문에 팔레스틴 지역에서는 집 주인이 손님에게 발 씻을 물을 내놓으면 반갑게 맞이한다는 뜻이 되고 발 씻을 물을 내놓지 않으면 들어오지 말라는 문전박대를 의미하게 된 것이다.

발을 씻을 물을 내놓는 원래의 목적은 외부 손님이 자기 집 안으로 들어오게 하기 위함이다. 이것이 반복되다보니 팔레스틴 지역에서는 발 씻을 물을 내놓는 것이 상대를 반갑게 영접한다는 인사를 의미하는 문화가 되었다. 손님이 집 안에 들어올 때는 물론, 들어오지 않고 밖에 있다 가게 될 경우에도 기쁨으로 영접한다는 의미로 발 씻을 물을 내놓는다. 그래서 "여호와께서 마므레 상수리 수풀 근처에서 아브라함에게 나타나시니라. 오정 즈음에 그가 장막 문에 앉았다가 눈을 들어 본즉 사람 셋이 맞은편에 섰는지라. 그가 그들을 보자 곧 장막 문에서 달려 나가 영접하며 몸을 땅에 굽혀 가로되 내 주여 내가 주께 은혜를 입었사오면 원컨대 종을 떠나 지나가지 마옵시고 물을 조금 가져오게 하사 당신들의 발을 씻으시고 나무 아래서 쉬소서."(창18:1-4)의 말씀처럼 아브라함도 장막 밖 나무 아래서 쉬다가 가실 하나님께 발 씻으실 물을 내놓았던 것이다.

 발 씻을 물을 내놓는 것은 상대를 반갑게 영접한다는 의미의 인사이기 때문에 손님에게 언제든지 제일 먼저 해야 하는 대접이다. 바리새인인 시몬이 주님을 식사에 초대했다. 주님께서 그의 집에 들어가셨을 때 그 동네에서는 누구나 아는 죄인인 한 여자가 주님의 발 곁에 서서 울며 눈물로 주님의 발을 적시고 자기 머리털로 씻었다. 이를 창피하게 여긴(눅7:36-39) 바리새인인 시몬에게 주님께서 "여자를 돌아보시며 시몬에게 이르시되 이 여자를 보느냐 내가 네 집에 들어오매 너는 내게 발 씻을 물도 주지 아니하였으되 이 여자는 눈물로 내 발을 적시고 그 머리털로 씻었으며"(눅7:44)라고 하시며 이 여자의 죄를 사해주시고(눅7:48) 네 믿음이 너를 구원(눅7:50)했다고 말씀하신다.

e. 섬김의 본

도덕적으로 거룩한 삶을 살고 있는 침례요한을 메시아로 착각하는 사람들에게 침례요한이 "모든 사람에게 대답하여 가로되 나는 물로 너희에게 침례를 주거니와 나보다 능력이 많으신 이가 오시나니 나는 그 신들메를 풀기도 감당치 못하겠노라. 그는 성령과 불로 너희에게 침례를 주실 것이요."(눅 3:16)라고 하여 자신과 주님과의 능력의 차이를 자신은 주님의 신들메를 풀기도 감당치 못한다고 한다.

자기 집을 찾은 객에게 발 씻을 물을 내놓는 것이 반갑게 맞는다는 의미이지만 만일 다윗왕이 어느 집을 방문했을 경우라면 집 주인이 발 씻을 물을 내놓는 정도가 아니다. 집 주인이 대야에 물을 담아 다윗왕의 발을 직접 씻기는 것이다. 그때 그 집의 종은 자기 주인이 다윗왕의 발을 씻기게 하기 위해 먼저 신발끈을 풀어 왕의 신을 벗겨 신을 씻는 것이다. 주님이 다윗왕이면 자신을 신들메를 풀기도 감당치 못하는 사람이라고 한 것은 주님은 하나님이고 자신은 인간이란 말이다.

이렇게 낮은 사람이 높은 사람의 발을 씻겨주는 것은 팔레스틴 지역에서는 일반화된 세족식 문화다. 이런 문화 때문에 주님이 제자들의 발을 씻겨주신 것과 같이 반대로 높은 사람이 낮은 사람의 발을 씻겨줌으로 섬김의 본을 보이는 것 또한 팔레스틴 지역에 있어서는 누구나 다 알고 있는 세족식 문화의 상식이다.

f. 이제는 알지 못하나

주님께서 발을 씻겨주시려 하자 당황해하는 베드로에게 주님께서 발을 씻겨주시는 의미를 '이제는 알지 못한다'고 말씀하신다. 베드로는 팔레스틴 사람이다. 만일 베드로가 팔레스틴 사람이 아니었다면 주님이 자신의 발을 씻겨주시는 것이 섬김의 의미인지조차 알지 못했을 것이므로 전혀 당황하지 않았을 것이다. 팔레스틴 지역에서의 세족식의 의미를 충분히 알고 있었던 베드로는 주님이 자신의 발을 씻기시는 것이 자신을 섬기겠다는 의미이므로 당황했던 것이다. 그런 베드로에게 '이제는 알지 못한다' 라고 하신 말씀은 주님께서 제자들의 발을 씻겨주시는 것은 지금까지 제자들이 알고 있었던 팔레스틴 지역에서 섬김의 본으로서의 세족식 문화와는 전혀 다른 의미라는 말씀이다.

g. 이후에는 알리라

주님께서 제자들의 발을 씻기시는 의미가 팔레스틴 지역 문화로서의 세족식과는 전혀 다른 새로운 의미라는 것을 지금은 알지 못하지만 '이후에는 알리라'고 말씀하신다. 잡히시던 날 저녁에 세족식을 행하셨으므로 제자들이 주님이 행하신 세족식의 의미를 알 수 있는 때란 십자가 사건 이후일 것이다. 그렇지만 십자가상에서는 물론 부활하셔서도 세족식에 관해서는 제자들에게 설명이나 사건으로 알게 하신 것이 전혀 없다.

다만 "보혜사 곧 아버지께서 내 이름으로 보내실 성령 그가 너희에게 모든 것을 가르치시고 내가 너희에게 말한 모든 것을 생각나게 하시리라."(요14:26)라고 하시어 성령으로 거듭나지 않으면 알 수 없다고 말씀하셨다. 따라서 주님께서 제자들의 발을 씻기신 세족식의 의미는 영적으로만 이해하고 해석할 수 있다는 말씀이지 팔레스틴 지역에서의 상식에 속한 섬김의 본의 의미가 아니다.

h. 나와 상관이 없느니라

주님께서 제자들의 발을 씻기시는 의미를 지금은 제자들이 모르지만 성령으로 거듭나면 알게 된다고 말씀하셨음에도 불구하고 팔레스틴에서의 세족식 문화에 젖어있는 베드로는 절대로 자기 발을 씻기지 못하신다며 완강하게 거절한다. 이런 베드로에게 "내가 너를 씻기지 아니하면 네가 나와 상관이 없느니라"(요13:8)라고 말씀하신다. 주님께서 발을 씻겨주시는 사람만 주님과 상관이 있지 씻기지 않으면 주님과 상관이 없는 사람이란 말씀이다.

발을 씻기지 않으면 주님과 상관이 없다는 말씀에 발 씻기기를 완강하게 거절하던 베드로의 태도가 180도로 바뀌어 "주여 내 발 뿐 아니라 손과 머리도 씻겨주옵소서."(요13:9)라고 한다. 베드로의 태도 변화로 강조하는 주님께서 행하신 세족식의 성경적 의미는 팔레스틴 문화 내에서의 세족식과는 비교할 수 없을 정도의 절대적인 의미라는 말씀일 것이다.

'상관이 없다'로 번역된 헬라어 원문은 'ουκ εχεις μερος μετ εμου'다. 직역하면 '나와 함께 유업을 가질 수 없다'이다. 아버지께로부터 천국 유업으로 받으실 때 주님께서 발을 씻겨주시지 않은 사람은 주님과 함께 천국 유업을 받을 수 없다는 말씀이다. 주님께서 발을 씻기시는 사람이어야 천국 구원을 받을 수 있지 그렇지 않은 사람은 천국 구원을 받는 것이 불가능하다는 말씀이다.

설혹 목욕으로 온 몸이 깨끗케 된 것처럼 모든 육신의 죄를 사함 받아 깨끗케 된 사람이라 할지라도 주님이 발을 씻기지 않으면 절대로 천국 구원을 받을 수 없다는 말씀이다. 주님께서 제자들의 발을 씻기신 세족식의 의미가 주님과 천국에서 함께 한다는 점을 확인시키기 위해서, 주님을 팔아 주님과 함께 천국에 있을 수 없는 가룟 유다의 문제를 결론적으로 언급하시는 것이다. 주님의 세족식은 구원론적인 영적 문제이지 섬김의 본을 보이시기 위한 인간관계로서의 문화적인 의미가 전혀 아니다.

2. 보혜사(παρακλητος) 십자가

주님께서 잡히시던 날 저녁에 마가의 다락방에서 길게 설교하신 세족식의 요한복음 13장과 보혜사론을 정립하신 14장에서 16장, 그리고 기도로 마치신 17장의 다섯 개 장을 일반적으로 다락방 강화라고 칭한다. 이 다섯 개 장은 전부 보혜사장이다. 세족식은 보혜사의 의미를 설명한 서론이며 14장에서 16장은 보혜사의 본론, 17장의 기도는 보혜사론의 결론이다.

a. 세 개의 십자가

주님이 갈보리 언덕에서 십자가에 달리실 때 하나님께서는 우연이 아니라 의도적으로 십자가가 모두 셋이 되게 하셨다. 십자가 셋이 있게 하신 것은 이 셋이 전부 주님의 십자가라는 것을 계시하시기 위함이다. 성경에서 주님이 지신 십자가가 셋이라고 말씀하심에도 현재 갈보리 언덕 위에서 지고 계신

'피복음적 십자가'에만 함몰되어 다른 두 십자가를 보지 못하고 있는 것이 기독교의 문제다.

b. 인자 십자가

주님이 지신 첫 번째 십자가는 "인자됨을 인하여 심판하는 권세를 주셨느니라."(요5:27)라고 주님께서 직접 말씀하심 같이 '인자 십자가'다. 전지전능하시고 시공을 초월하시며 거룩하신 하나님이 육신을 입고 인간으로 오신다는 것은 엄청난 십자가가 아닐 수 없다. 강도 하나가 지고 있는 십자가다.

설혹 백마를 타고 공중에서 강림하셔서 사람들이 주님께 항상 땅에 엎드려 경배를 한다 한들 어디를 가시려면 시간이 걸리고, 덥고 춥지 않나, 시장하기도 하시고 피곤해서 주무셔야 하는 등 하나님이신 주님께는 어떤 것 하나 십자가(빌2:6-8)가 아닌 것이 없다. 육신으로 오시는 것 자체가 엄청난 십자가인 것을 주님께서 육신의 인간을 구원하시기 위해 자원하셨기 때문에 그 보상으로 성부 하나님만 갖고 계시던 심판하는 권세를 주님께 주셨다는 것이다.

c. 구유 십자가

백마를 타고 공중에서 강림하셔도 모자랄 주님께서 유약한 아기로 태어나셨다. 예루살렘 궁정의 금침대에서 태어나셔도 부족한 하나님이 초라하기 그지없는, 짐승들이 배설한 고약한 오물 냄새로 가득한 베들레헴의 외양간 구유에서 출생하셨다. 나다나엘이 "나사렛에서 무슨 선한 것이 날 수 있느냐?"(요1:46)라고 말한 것처럼 주님이 성장하신 곳도 두메산골이다. 공생애 3년여도 "스불론 땅과 납달리 땅과 요단강 저편 해변 길과 이방의 갈릴리여 흑암에 앉은 백성이 큰 빛을 보았고 사망의 땅과 그늘에 앉은 자들에게 빛이 비취었도다."(마 4:15-16)라고 말씀하신대로 이방의 흑암의 땅에서 활동하시다가 예루살렘 밖 갈보리 언덕 위 십자가에서 참혹하게 돌아가셨다.

주님이 지신 십자가를 '피복음' 때문에 갈보리의 십자가만 십자가로 생각하기 쉽지만 주님께서는 '인자 십자가'를 지시고 인간으로 오셨을 뿐 아니라 태어나셔서 돌아가실 때까지의 전 생애의 모든 삶이 십자가이셨기 때문에 '갈보리 십자가'라고 하기보다는 오히려 '구유 십자가'라고 해야 옳을 것이다

d. 로마의 십자가형

주님의 '갈보리 십자가'의 고난을 성경대로 정립하려면 먼저 '로마의 십자가형'부터 올바로 이해해야 한다. '로마의 십

자가형'은 백성에게 일벌백계(一罰百戒)의 경각심을 주기 위해 극악무도한 흉악범을 공개처형하는 사형 방법이다. 이러한 전시 효과를 극대화하기 위해 많은 사람이 볼 수 있도록 감옥에서부터 처형장까지 사형수로 하여금 자신이 달릴 십자가를 지고 행진하도록 강요한다. 사형수로서 죽기 위해서 죽기보다 더 고통스러운 십자가 행진까지 해야 하는 것이다.

끝까지 십자가 행진을 한다고 사는 것도 아니기 때문에 공개처형을 받을 정도의 극악한 사형수라면 가는 도중에서라도 반항하다 빨리 맞아 죽기를 바라지 끝까지 가서 또 더 큰 고통스러운 십자가에 처형되기를 원치 않을 것이다. 그래서 로마법으로는 도중에 반항하지 못하고 십자가를 지고 겨우 형장까지 갈 힘만 남길 정도까지 채찍질을 하도록 규정되어 있다.

채찍질이 사형수의 체력에 비해 모자라서 형장에 도착하기 전 도중에 도주한다거나 반항하여 다른 사람을 상하게 하거나 자해를 해서는 안 된다. 그렇다고 채찍질이 사형수의 체력에 비해 과해서 도저히 십자가를 지고 형장까지 갈 수 없다거나 중간에 죽어버려도 십자가형을 통한 효과를 얻을 수 없게 된다. 그래서 채찍질하는 군병은 사형수의 체력에 적당하게 채찍질을 조절하는 능력이 상당히 뛰어나야 한다.

e. 주님의 체구

기독교는 '피복음'의 은혜를 강조하기 위해 '갈보리 십자가'를 성경의 증거보다 지나치게 과장하느라 성경이 계시하고 있는 주님과는 전혀 상관이 없는 다른 주님을 섬겨왔다. 그 대표적인 예가 주님의 체구에 관한 문제다. 주님이 당하셨던 수난을 성경적으로 올바로 정립하는 데는 주님의 체구를 정확히 확인하는 것이 대단히 중요하다.

구약의 계시로도 "그는 주 앞에서 자라나기를 연한 순 같고 마른 땅에서 나온 줄기 같아서 고운 모양도 없고 풍채도 없은즉 우리의 보기에 흠모할만한 아름다운 것이 없도다."(사 53:2)라고 하심 같이 보잘것없는 육신이셨다. 주님이 예루살렘에 입성하실 때 타신 나귀 새끼가 어미와 함께 있다(마21:2)는 것은 아직 어미의 젖을 먹는 새끼라는 말씀이고, 아직 아무 사람도 타보지 않은 새끼(막11:2)라는 것은 사람이 탈 수 있을 정도로 자란 나귀가 아니라는 말씀이다. 이런 새끼 나귀가 주님을 등에 태우고 경사가 급한 감람산에서 기드론으로 내려와 다시 예루살렘에 이르는 가파른 언덕을 올랐다.(마21:1-10)

이러한 성경의 증거를 근거로 추정할 수 있는 주님의 체구는 아무리 크셔도 키는 140cm, 체중은 40kg을 넘기 어려울 정도로 왜소하셨어야 한다.

f. 주님의 수난

주님께서 십자가형을 당하시기 위해 로마 군병들에게 채찍질을 당하셨다는 기록은 4복음서 어디에도 전혀 없다. 주님께서 채찍질을 당하셨다고 해석할 수 있는 유일의 근거는 마치 빌라도가 주님을 직접 채찍질한 것처럼 "이에 빌라도가 예수를 데려다가 채찍질하더라."(요19:1)라고 한 기록이다. 채찍질을 담당하는 군병도 아닌, 주님을 살리려고 많은 애를 썼던 로마 총독인 빌라도가 직접 주님께 채찍질을 했을 리는 전혀 없었을 것이다. 이 말씀의 실제적인 의미는 빌라도가 십자가 처형이 확정된 주님을 로마법의 규정을 지키기 위해 채찍질을 담당하는 군병들에게 넘겼다는 것이지 실제로 빌라도가 직접 주님께 채찍질을 했다는 말이 아니다.

사형수 채찍질의 전문가인 로마 군병들이 넘겨받은 주님은 몸이 워낙 왜소하셔서 도주나 반항할 것을 우려하여 채찍질할 필요조차 전혀 없었다. 이런 사람이 유대인의 왕이라니 전혀 믿기지 않아 가시 면류관을 씌우고, 갈대를 들리고, 홍포를 입히고는 침 뱉고, 절하고, 갈대로 머리를 치고, 손바닥으로 때리는 등 여러 가지로 희롱을 했던 것이다. 성경의 증거로는 주님은 전혀 채찍에 맞지 않으셨다.

g. 주님의 십자가

주님이 지시고 사형장까지 행진하셔야 할 십자가는 본래 흉악범인 바라바를 위해 준비한 것이었기 때문에 왜소하신 주님께서는 도저히 지실 수 없을 만큼 컸을 것이다. 그래서 "나가다가 시몬이란 구레네 사람을 만나매 그를 억지로 같이 가게 하여 예수의 십자가를 지웠더라."(마27:32)라고 말씀하심 같이 관정에서 나가자마자 다른 사람이 진 것이다.

주님이 과다하게 채찍질을 당해 십자가를 질 수 없어 다른 사람이 대신 졌다는 것은 절대로 있을 수 없는 일이다. 다른 사람이 십자가를 대신 지면 사형수를 형장까지 행진시키는 의미가 전혀 없게 된다. 그래서 로마법상 십자가는 절대로 사형수의 친족이라든가 돈으로 대리인을 사서 지게 하는 등 다른 사람이 대신 질 수 없게 규정되어 있다. 이 법을 준수해야 하기 때문에 채찍질하는 군병의 숙련도가 문제 된다. 주님께서 너무 채찍을 많이 맞아 십자가를 지지 못하셨다는 것은 절대로 성립할 수 없다.

주님이 과다하게 채찍에 맞아 십자가를 지실 수 없었다면 어떻게 도중에서 여러 여자들에게 길게 설교(눅23:28-31)하실 수 있으셨겠는가? 주님은 체구가 워낙 왜소하셔서 십자가도 지지 못하시고 구레네 시몬이 지고 가는 자기 십자가를 조용히 따라 가고 계셨던 것이지 관정에서나 길에서도 채찍에 맞으신 적은 전혀 없다.

h. 갈보리 십자가

십자가 처형을 당한 사람은 빨리 죽어야지 오랫동안 고통을 당하다가 죽는 것은 좋지 않다. 보통의 경우 십자가에 처형되고 48시간이 지나야 숨이 끊어진다고 한다. 그런데 주님은 6시간만(막15:25-34)에 운명하셨다. 안식일 전에 시체를 치우기 위해 확인한 결과 두 강도는 아직 죽지 않아 다리를 꺾어 숨이 끊어지게 했지만 주님은 이미 운명하셔서 사망한 사실을 확인하기 위해 창으로 옆구리를 찔렀다.(요19:31-34)

만약 '피복음적'으로 이해하는 주님의 십자가의 수난이라면 주님은 다른 사람보다도 더 오랜 시간 십자가에서 고통을 당하시도록 하나님께서 역사하셨어야 옳을 것이다. 그렇지만 주님은 십자가 처형을 받은 사람 중에서는 가장 적게 고통을 받으신 분이다. 하나님의 뜻은 갈보리 십자가의 고난에 목적이 있으신 것이 전혀 아니라는 말씀이다.

i. 보혜사 십자가

주님이 지신 십자가 중 가장 고통스러운 십자가는 '인자 십자가' 나 '구유 십자가' 나 '갈보리 십자가'가 아니라 '보혜사 십자가'이다. 성육신하신 주님의 심령 속에는 마귀가 전혀 없음에도 인자됨을 인하여 심판하는 권세를 주셨다(요5:27)고 하셨다. 아담과 하와 속에도 마귀는 없었다.

한점 흠도 없으신 거룩하신 하나님께서 나를 구원하시기 위해 세상 어디보다도 더럽고 추한 내 심령 속(막7:21-22)에 마귀와 함께 동거하시기 위해 친히 자원하시어 들어오셔야 하기 때문이다. 주님께서는 내 발을 씻기시는 십자가를 지시지 않고는 절대로 내 심령에 들어오실 수 없다.

기독신앙은 2000년 전의 갈보리 십자가상의 주님을 바라보는 믿음이 아니다. 그렇다고 하나님 보좌 우편에 계신 주님을 바라보는(히12:2) 신앙도 아니다. 기독신앙은 나를 구원하시기 위해 지금도 마귀와 동거하시기를 자원하시어 내 발을 씻기시는 종으로서 세상에서 가장 더럽고 추한 나의 심령 속에 십자가를 지고 계신 주님을 보는 '보혜사 십자가' 신앙이다.

3. 다른 보혜사

"내가 아버지께 구하겠으니 그가 또 다른 보혜사를 너희에게 주사 영원토록 너희와 함께 있게 하시리니 저는 진리의 영이

라. 세상은 능히 저를 받지 못하나니 이는 저를 보지도 못하고 알지도 못함이라. 그러나 너희는 저를 아나니 저는 너희와 함께 거하심이요 또 너희 속에 계시겠음이라."(요14:16-17)

a. 보혜사(παρακλητος)의 의미

보혜사라는 단어는 신약성경 요한복음 14-16장에 네 번, 그리고 요한일서 2장 1절에 한 번, 모두 다섯 번 기록되어 있다. 신약성경에 보혜사가 처음 기록된 것이 위의 본문이다. 반드시 본문에서 보혜사론을 정립하지 않으면 안 된다는 성경 기록의 원리다.

보혜사로 번역된 헬라어 '파라크레토스'(παρακλητος)라는 단어는 다른 사람을 돕도록 보냄을 받은 사람이나 다른 사람의 사건을 변론하는 사람, 또는 여러 가지 유익한 일을 하기 위하여 참석한 사람이라는 뜻이다. 따라서 보혜사란 그리스도께서 떠나신 후 주님을 대신해서 이런 역할을 맡아 활동하시는 성령 하나님이시다.

b. 무조건 내편

보혜사께서는 나의 연약함을 돕기 위해 오시기 때문에 영어로는 '돕는 자'(Helper)로 번역한다. 내가 짓는 모든 죄에 대해서 하나님께서 "나의 자녀들아 내가 이것을 너희에게 씀은 너희로 죄를 범치 않게 하려 함이라. 만일 누가 죄를 범하면 아버지 앞에서는 우리에게 대언자(παρακλητος)가 있으니 곧 의로우신 예수 그리스도시라."(요일2:1)라고 하심 같이 보혜사께서는 나를 변호하시는 주님이시다.

보혜사 성령 하나님께서는 내가 선하고 의로운 행위를 할 때는 물론 악하고 죄를 범할 때에도 여전히 내편이시다. 사도 바울이 죄를 범하면서 도와주실 것을 구한(롬7:24) 성령 하나님이 바로 그리스도의 영(롬8:1-2)이신 보혜사 성령 하나님이신 것이다.

c. 그리스도의 영

보혜사께서는 과거 구약시대에는 계시지 않던 성령 하나님이시다. '내가 아버지께 구하겠으니 그가 또 다른 보혜사를 너희에게 주사' 라는 말씀은 과거에는 계시지 않으셨다가 주님께서 십자가에서 죽으시고 부활하시어 승천하셔서 하나님께 구하셔서 장차 새롭게 보내주실 성령 하나님이시라는 말씀이다.

과거 구약시대부터 계셨던 성령 하나님은 천국 보좌에 앉아 계신 성부 하나님의 영이시다. 그러나 보혜사 성령 하나님께서는 "믿음의 주요 또 온전케 하시는 이인 예수를 바라보자. 저는 그 앞에 있는 즐거움을 위하여 십자가를 참으사 부끄러움을 개의치 아니하시더니 하나님 보좌 우편에 앉으셨느니라."(히12:2)의 말씀처럼 하나님 보좌 우편에 앉아계신 성자 하나님이신 예수 그리스도의 영(롬8:9)이시다.

d. 다른 보혜사

삼위일체 하나님이시면서 성부ㆍ성자ㆍ성령 하나님과 속성이 전혀 다르다면 당연히 성부 하나님의 영의 속성과 성자 하나님의 영이신 보혜사의 속성은 같지 않아야 옳을 것이다. '또 다른 보혜사'란 말씀은 그리스도의 영인 보혜사 성령 하나님은 과거 구약시대에서부터 계시면서 역사하셨던 성부 하나님의 영과는 속성이 전혀 다르시다는 말씀이다.

구약부터 계시면서 역사하시던 성부 하나님의 영은 성부 하나님의 속성대로 나의 행위에 대해서는 객관적으로 존재하시면서 선하고 의롭게 하나님의 뜻에 합한 삶을 살면 복을 주시고 죄를 범하면 벌을 주시는 공의의 심판주이시다.

이런 성부 하나님의 성령에 비해 성자 하나님의 영이신 보혜사 성령 하나님께서는 내가 죄를 짓지 않도록 도와주실 뿐만 아니라 만일 죄를 범해도 여전히 내 편이 되시어 오히려 나를 하나님 앞에서 변호하시는 것이다. 이렇게 보혜사 성령 하나님은 구약에서의 성부 하나님의 성령과는 전혀 다른 분이시다.

e. 너희에게 주사(διδωμι)

보혜사 성령 하나님의 역사나 역할은 극히 제한적이시다. 성부 하나님의 성령은 세상을 창조(창1:2)하신다거나 그 외 여러 가지로 세상에서 발생하는 보편적인 일들에 관하여 섭리하시고 역사하시는 것에 반해 보혜사께서는 육신의 인간을 구원(요3:5)하시고 중생한 그리스도인과의 관계 안에서 그 삶을 위해서만 제한적으로 역사하시는 성령 하나님이시다.

'너희에게 주사' 란 성부 하나님께서 삼위일체 하나님이신 보혜사 성령 하나님의 소유권을 나에게 넘겨주신다는 말씀이다. 보혜사 성령을 받으면 그 소유주가 내가 된다. 내가 보혜사 성령 하나님의 주인이 된다는 말은 보혜사 성령 하나님은 내 종이 되신다는 말일 것이다. 그래서 내 발을 씻기시는 내 종이 되시지 않고서는 주님께서 보혜사 성령 하나님으로 오실 수 없다.

내가 보혜사 성령을 받아 구원을 받게 되면 보혜사께서 내 종이 되셔야 하기 때문에 주님께서 내 종이 되시어 내 발을 씻기지 않으시면 구원받을 수 없다(요13:8). 그래서 주님께서 보혜사 성령으로 내 속에 들어오시려면 내가 먼저 자기를 부인해야 하는 '물과 성령' (요3:5)으로 나야 한다고 말씀하신다.

f. 영원히 함께

보혜사 성령 하나님께서는 무조건 내편이시고, 성부 하나님께서 그 소유권을 내게 넘겨주시면 당연히 '영원히 너희와 함께 있게 하시리니' 라고 말씀하심과 같이 어떤 경우에도 떠나지 않으신다는 것은 당연하다. 주님께서는 부활하시어 승천하시면서 "하늘과 땅의 모든 권세를 내게 주셨으니 그러므로 너희는 가서 모든 족속으로 제자를 삼아 아버지와 아들과 성령의 이름으로 침례를 주고 내가 너희에게 분부한 모든 것을 가르쳐 지키게 하라. 볼지어다 내가 세상 끝날까지 너희와 항상 함께 있으리라."(마28:18-20)라고 하신 약속을 보혜사 성령으로 성취하신 것이다. 성경이 한번 구원을 영원한 구원으로 계시하시는 것은 하나님이 특정한 사람을 예정하셨기 때문이 아니라 이와 같이 보혜사 성령 하나님께서는 한번 들어오시면 영원히 떠나실 수 없기 때문이다.

g. 진리의 영

하나님의 백성인 유대인들은 성령 하나님을 가까이서 섬기면서 교제하고 싶은 마음이 누구보다 간절하지만 다른 한편으로는 무서운 심판을 너무 많이 경험했기 때문에 가까이 하기를 가장 두려워하는 사람들이다. 이런 유대인 제자들에게 느닷없이 무조건 내편이신 다른 보혜사를 아버지께서 보내주실 것이라니 이보다 더 큰 기쁜 일이 없을 것이다.

하지만 제자들이 기대하는 다른 보혜사란 구약부터 무섭게 심판하시던 성령 하나님과 같은 분이라는 상상은 도저히 할 수 없었을 것이다. 하나님의 전혀 다른 어떤 선물이라고 생각할 것이다.

성령 하나님은 인격적 관계로 내가 영접해야만 심령 속에 임마누엘 하실 수 있을 뿐 침입하실 수는 없다. 따라서 삼위일체로서의 보혜사 성령 하나님이 제자들의 심령 속에 임마누엘하시려면 제자들이 보혜사 성령 하나님을 두려워하여 마음을 닫아서는 안 되며, 보혜사 성령 하나님을 구약부터 계시던 성령 하나님과 전혀 다른 분으로 생각해도 가능하지 않다.

그래서 주님께서는 제자들이 두려워하여 마음을 닫지 않고 보혜사 성령 하나님을 영접하기를 원하게 하기 위해 아주 조심스럽게 설명하시고 계신 것이다. 공의의 심판자가 아니라 무조건 내편이신 다른 보혜사 성령 하나님께서 구약부터 계시던 성령 하나님과 동일하신 삼위일체 하나님이시라는 것을 저는 '진리의 영' 이라고 말씀하신 것이다.

h. 너희 속에 계시겠음이라

제자들의 마음을 평안하게 안정시키시는 주님의 논리가 놀랍다. 우선 세상의 이방인들과 유대인들을 구별하시고 하나님과 성전에서 함께 거하는 제사장을 구별하신다. 너희들도 구약으로는 하나님을 알고 섬기며 성전 안에서 하나님과 함께 살고 있었던 제사장이라는 말씀을 '너희와 함께 거하심이요' 라고 하신 것이다.

여기까지 수긍하여 안심하는 제자들에게 결정타를 치신다. 구약에서는 성전 안에서 성령 하나님과 함께 살았지만 주님의 이름으로 보내실 보혜사 성령 하나님께서는 너희 몸 밖에서

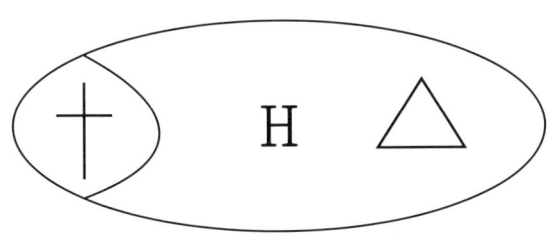

[그림 9. 요 14:16-17]

너희와 함께 거하시는 것이 아니라 '너희 속에 계시겠음이라'라고 하심 같이 심령 속에 임마누엘하신다는 말씀인 것이다.

성부 하나님의 영은 (∏)로 주님의 영이신 보혜사는 (+)로 구별한다. 보혜사 성령과는 인격적인 관계이기 때문에 보혜사 (+)와 마귀가 내주하고 있는 내 심령 (H∆) 사이에 담이 있다.

i. 오직 예수+오직 믿음

하나님이 육신의 인간을 구원하시겠다는 약속(렘31:31-34)은 인간 자력으로의 종교적 구원도 아니고 하나님께서 직접 구원하신다는 것도 아니라, 완전한 하나님이시면서 동시에 완전한 인간(사9:6)이신 유대인이 대망하는 하나님의 기름부음을 받은 메시아(사11:1-2)에 의한 구원(요3:16)이다. 이를 성취하시기 위해 하나님께서 세상에 육신을 입으시고 성육신(成肉身)하신 분이 예수 그리스도(요1:14)이시다.

주님께서 모든 사람의 죄를 사해주시기 위해 십자가에서 피흘려 죽으신(마26:28) 것이 사실이다. 그러나 하나님께서 메시아에 의한 육신의 인간을 구원하시겠는 약속은 일시적인 세상에서의 육신의 삶을 위한 세상구원이 아니라 육신 사후에 영혼이 천국에서 주님과 함께 영생복락을 누리는 천국구원(요3:16)이다.

천국구원을 얻을 수 있는 기회가 주어진 것은 육신으로 살고 있는 동안(마5:25)뿐이며 사후에는 누구도 가능하지 않다. 육신의 인간이 천국구원을 얻으려면 하나님의 인간 창조의 설계(창2:7)대로 삼위일체 하나님이 성령으로 인간의 심령 속에 내주하시지 않으면 안 된다. 성령 하나님께서 아담과 하와의 심령에서 떠나신 이래로 예수 그리스도께서 보혜사 성령으로 다시 인간의 심령 속에 임마누엘(행2:1-4)하시기 전까지 성령침례(막1:8)를 받은 사람은 아무도 없다.

예수 그리스도께서는 보혜사 성령으로 육신의 인간심령 속에 내주하심으로 육신의 인간을 구원하시기 위해 육신을 입고 세상에 오신 하나님이시다. 따라서 누구도 보혜사 성령으로 침례(요3:5)를 받지 않고는 천국구원은 받을 수 없다. 그것이 기독신앙에 있어서의 '오직 예수'이고 '오직 믿음'이다.

4. 영은 실체다.

오직 예수 + 오직 믿음 = 오직 (보혜사) 성령

1) 베드로 증거

주님께서는 산에서 밤이 맞도록 하나님께 기도하시고 12제자들을 특별히 택(눅6:12-13)하셨다. 그 중에 가장 뛰어난 수제자가 베드로다. 성경은 성령으로 거듭남의 실제가 어떤 것인가를 이렇게 해서 택하신 주님의 수제자인 베드로를 통해서 잘 설명하신다.

a. 베드로의 장담

주님께서 겟세마네 동산에 이르러 베드로에게 "내가 진실로 네게 이르노니 오늘밤 닭 울기 전에 네가 세 번 나를 부인하리라."(마26:34)라고 하셨다. 그러자 베드로가 "내가 주와 함께 죽을지언정 주를 부인하지 않겠나이다."(마26:35)라고 자신 있게 장담했다. 베드로는 진심으로 주님을 부인하지 않을 마음이었고 또 부인하지 않을 자신이 있었지 자신도 없고 또 부인할 생각이면서 허풍을 떨었거나 거짓된 마음으로 한 말은 아니다.

자신만만하게 장담했던 베드로가 주님께서 예언하셨던 대로 부인하고 맹세하고 저주(마26:69-75)까지 했다. 그래서 베드로를 허물 많고 유약한 사람으로 오해하고 있는 사람들이 많다. 그러나 베드로는 뱃사람이고 주님이 특별히 택하신 수제자다. 세상의 어느 누구보다도 의지적으로 결단하고 실천하는 능력이 가장 강한 사람이지 결코 보잘것없는 연약한 사람이 아니라는 의미다.

b. 베드로의 회개

자신했던 베드로가 주님의 예언대로 부인할 때 돌이켜 보신 주님과 눈이 마주쳤(눅22:61)다. 자신 있게 장담했던 자신이 처참하게 무너진 것을 보고 밖에 나가 심히 통곡(눅22:62)했다. 아마 이때만큼 베드로가 진심으로 회개한 적은 없었을 것이다. 이렇게 회개한 베드로가 얼마나 달라졌을까?

종교적인 사람들은 사람이 진심으로 회개하면 개과천선(改過遷善)이라는 말처럼 달라진다고 믿고 가르친다. 만약 베드로가 이 회개를 통해서 달라졌다면 주님의 십자가를 진 사람은 베드로이어야지 구레네 시몬이어서는 안 된다. 구레네 시몬이 주님의 십자가를 졌다는 성경적 의미는 아무리 베드로가 진심으로 회개를 해도 전혀 달라지지 않았다는 말씀이다. 어떤 회개를 통해서도 사람이 개과천선한다는 것은 전혀 가능하지 않다는 사실을 성경은 주님의 수제자인 베드로의 회개로 증거하신다.

c. 베드로의 한계

베드로는 주님의 십자가를 대신 질 수 있는 영광을 누리지 못한 것만이 아니다. 주님의 수제자로서 스승께 봉사할 수 있는 마지막 영광인 십자가에서 돌아가신 주님을 장사하는 것조차 하지 못했다. 어떻게 주님의 장사를 제자들이 아닌 아리마대 요셉이 지냈어야 했는가? 아무리 진심으로 회개해도 사람은 달라지지 않는다는 확실한 증거다.

주님이 죽으심으로 모든 것이 다 끝났다고 허탈감에 빠져있는 제자들에게 막달라 마리아가 주님께서 부활하셨다는 소식을 전했다.(요20:18) 그래서 제자들 10명이 다시 마가의 다락방에 모였다. 그런데 성경은 "유대인들을 두려워하여 모인 곳에 문들을 닫았더니"(요20:19)라고 증거한다. 주님이 돌아가신 것으로 끝난 것이 아니라 다시 살아나셨으니 유대인들을 두려워하지 않아야 당연하다. 그러나 여전히 두려워 문들을 잠그고 벌벌 떨고 있다. 상식적으로는 있을 수 없는 현상이다.

부활하신 주님을 만나봤으면 주님의 부활을 전했어야 마땅하다. 하지만 성경의 증거로는 그토록 의지가 강한 뱃사람들인 제자들일지라도 아무리 부활하신 주님을 만났어도 주님의 부활을 전혀 전할 수 없었다. 모든 것을 다 포기하고 다시 옛 직업인 어부가 되어 디베랴 바다로 되돌아갔던 것이다. 밤새도록 물고기 한 마리도 잡지 못한 제자들에게 부활하신 주님께서 세 번째로 현현하시어 물고기 153마리를 잡을 수 있도록 역사(요21:1-14)하셨다.

제자들과 함께 조반을 드신 후 베드로와 걸으시며 그에게 젊어서는 네가 임의로 다녔지만 늙어서는 십자가의 죽음으로 하나님께 영광을 돌릴 것이라고 하시자 다시 두려움에 잡혀 뒤따르던 사도 요한을 보고 "주여 이 사람은 어떻게 되겠삽나이까?"하고 여쭙다가 "내가 올 때까지 그를 머물게 하고자 할지라도 네게 무슨 상관이냐?"(요21:21-22)라고 주님께 심한 꾸지람을 들었다. 너는 지금 관심이 주님 외에 어디 있느냐는 말씀이다. 여전히 베드로가 주님을 믿고 있지 않다는 증거다.

2) 성령침례

부활하신 주님께서 "저희 보는데서 올리워 가시니 구름이 저를 가리워 보이지 않게 하더라."(행1:9)라고 하심 같이 승천하시기까지 가시적으로 제자들에게 현현하셨던 마지막 기사를 사도행전이 기록한다.

a. 아버지의 약속하신 것

두려워 떨고 있는 제자들에게 "사도와 같이 모이사 저희에게 분부하여 가라사대 예루살렘을 떠나지 말고 내게 들은 바 아버지의 약속하신 것을 기다리라."(행1:4)라고 하시어 하나님의 구원의 약속을 환기시키심으로 마지막 당부를 하셨다. '내게 들은 바 아버지의 약속하신 것을 기다리라'는 말씀은 첫째로 주님이 십자가에 피 흘려 죽으시고 부활하셨지만 하나님이 약속하신 메시아에 의한 구원이 아직도 이루어지지 않았다는 말씀이다. '피복음적' 구원이 아니라는 말씀이다.

둘째로는 '내게 들은 바 아버지의 약속하신 것을 기다리라'는 것은 주님께서 하나님께 구하시어 우리에게 주실 보혜사 성령 하나님(요14:16-17)을 기다리라는 말씀이다. 보혜사 성령 하나님은 이전에는 세상에 계시지 않았다가 주님으로 말미암아 세상에 새롭게 오실 성령 하나님이시라는 말씀이다.

b. 물침례와 성령침례

주님의 이름으로 보내실 보혜사 성령 하나님은 구약부터 계셨던 인간의 육신 밖에 계시면서 역사하시는 성령 하나님이 아니라 심령 속에 성령침례로 임마누엘하신다. 본문 해석의 어려움은 주님께서 성령침례를 "요한은 물로 침례를 베풀었거니와 너희는 몇 날이 못 되어 성령으로 침례를 받으리라 하셨느니라."(행1:5)라고 하심 같이 요한의 물침례와 비교하여 설명하신다는 점이다. 요한이 행했던 물침례와 주님께서 말씀하시는 성령침례는 '침례'라는 단어만 같을 뿐 아무런 상관이 없는 전혀 별개의 개념이기 때문이다.

그럼에도 불구하고 주님께서 이렇게 말씀하시는 것은 주님께서 지금 설명하시는 성령침례가 바로 요한이 주님의 길을 예비하기 위해 물침례를 행하면서 한 예언의 성취라는 것이다. 종교적으로 거룩한 삶을 사는 침례요한을 메시아로 생각하여 물침례에 의한 죄 사함 받는 것이 메시아의 구원으로 착각하는 유대인들에게 "나는 너희에게 물로 침례를 주었거니와 그는 성령으로 너희에게 침례를 주시리라."(막1:8)라고 함 같이 메시아의 구원은 성령침례라는 것을 예언한 것이다. 메시아의 구원의 방법이 성령침례라고 침례요한은 4복음서(마3:11/막1:8/눅3:16/요1:33)에서 동일하게 예언하고 있다.

c. 오직 성령

메시아에 의한 구원이 성령침례라는 주님의 설명에도 불구하고 여전히 유대인들의 메시아대망사상에서 벗어나지 못한 제자들이 부활하신 주님이 메시아왕국으로서의 육신의 이스라엘을 구원하실 것으로 기대하여 "주께서 이스라엘 나라를 회복하심이 이 때니이까?"(행1:6)라고 여쭙는다. 이런 제자들에게 성령침례를 받는 것의 실제를 "오직 성령이 너희에게 임하시면 너희가 권능을 받고 예루살렘과 온 유대와 사마리아와 땅 끝까지 이르러 내 증인이 되리라."(행1:8)고 말씀하신다.

'오직 성령' 이란 말은 성령 외의 모든 것은 배제한다는 의미다. 권능으로 번역한 헬라어 '두나미스' (δυναμις)는 물리적 능력으로서의 다이나마이트의 어원이다. 따라서 육신의 인간이 육적인 능력이 있으려면 성령을 받는 단 한 가지 방법 외에는 없다는 말씀이다. 그래서 성령침례를 받으면 성령의 능력으로 주님의 증인이 저절로 '되리라' 이지 자신의 의지적 결단과 노력으로 '되라' 가 아니다.

d. 성령침례

인류역사상 최초로 부활 승천하신 주님께서 하나님께로부터 받아 보내신 보혜사 성령 하나님께서 "오순절날이 이미 이르매 저희가 다 같이 한 곳에 모였더니 홀연히 하늘로부터 급하고 강한 바람 같은 소리가 있어 저희 앉은 온 집에 가득하며 불의 혀 같이 갈라지는 것이 저희에게 보여 각 사람 위에 임하여 있더니 저희가 다 성령의 충만함을 받고 성령이 말하게 하심을 따라 다른 방언으로 말하기를 시작하니라."(행2:1-4)라고 하심 같이 육신인간의 심령 속에 강림하셨다. 하나님께서 약속하신 성령침례에 의한 인간 구원이 성취된 것이다.

e. 세상이 감당 못할 사람

부활하신 주님을 뵙고도 유대인들이 두려워 벌벌 떨었던 베드로가 성령으로 거듭난 후에는 전혀 다른 사람이 되었다. 주님의 부활을 전하다가 체포되어 자신이 주님을 세 번 부인했었던 자리인 산헤드린 공회에서의 베드로는 유대인들을 두려워하는 것이 아니라 "하나님 앞에서 너희 말을 듣는 것이 하나님의 말씀 듣는 것보다 옳은가 판단하라."(행4:19)라고 훈계한다.

주님의 수제자이지만 아무것도 할 수 없었던 베드로가 성령을 받은 후에는 그 이전과는 전혀 다른 사람이 되었다. 아무도 감당할 수 없는 사람으로 변했다. 성경은 이런 사람을 "세상이 감당치 못하도다."(히11:38)라고 말씀한다. '오직 성령' 때문이다.

3) 영은 실체다

기독교는 물론 유대교나 회교 등의 모든 유신종교의 신앙 행위에 있어서의 가장 근본적인 문제는 하나님에 대한 믿음의 문제다. 자신은 하나님을 열심히 믿고 있다고 생각하는데 실제에 있어서는 관념적으로나 추상적으로만 믿고 있지 실존적 존재로는 믿고 있지 않고 있다는 점이다. 이러한 신앙의 결과가 하나님은 성경이 기록될 당시에는 살아 계시어서 역사하셨지만 지금은 죽었다는 자유신학자들이 주장하는 사신론(死神論)이다.

기독신앙은 인간의 오감으로는 그 존재성이나 역사성을 전혀 감지할 수 없는 초월적인 영(요4:24)이신 하나님을 실제적으로 믿는 행위이다. 하나님을 믿는 믿음이란 "믿음은 바라는 것들의 실상이요 보지 못하는 것들의 증거니"(히11:1)라는 기독신앙의 믿음장의 정립과 같이 영이신 하나님이 물리적 실체로 믿어지지 않는 믿음은 기독신앙의 믿음이 아니다.

a. 그리스도인의 기도

그리스도인들은 누구나 주님께서 내 이름으로 기도하라고 하셨기 때문에 반드시 '예수님의 이름'으로 기도한다. 심지어 누구든 '주님의 이름으로 기도한다'는 말을 기도 끝에 하지 않으면 이단시하기까지 한다. 문제는 왜 주님께서 내 이름으로 기도하라고 하셨느냐이다. 주님의 이름으로 기도하라고 하신 의미를 모르고 한 기도라면 아무리 '이 모든 말씀을 예수님의 이름으로 기도했습니다'라고 끝맺음을 해도 '예수님의 이름'으로 기도한 것이 아니다.

그리스도인들이 '예수님의 이름'으로 기도하는 것은 주님께서 "내 이름으로 무엇이든지 내게 구하면 내가 시행하리라."(요14:14)라고 약속하셨기 때문이다. 이러한 주님의 약속대로라면 그리스도인들이 주님의 이름으로 기도할 때마다 주님께서는 반드시 다 응답하셨어야 옳다. 그러나 그리스도인들은 기도할 때마다 응답은 받지 못하면서도 주님께서 내 이름으로 기도하라고 하신 말씀에만 문자적으로 순종하여 율법적으로 '예수님의 이름'으로 기도한다.

주님의 약속대로 주님의 이름으로 기도하였음에도 불구하고 주님께서 응답하시지 않으시는 경우는 두 가지를 생각할 수 있다. 주님께서 처음부터 응답하시지 않으실 것을 거짓으로 약속하셨거나, 주님께서 주님의 이름으로 기도하라고 하신 의미를 잘못 알고 그 의미대로 기도하지 않았기 때문일 것이다. 전지전능하신 하나님인 주님께서 지키지도 못하실 약속을 하셨을 리야 없으므로 소리는 '예수님의 이름'이지만 실제에 있어서는 주님께서 말씀하신 '주님의 이름'이 아니기 때문이다.

b. 주님의 이름으로

베드로가 요한과 함께 기도하러 가다가 성전 앞에서 구걸하고 있던 나면서부터 앉은뱅이인 40세 된 사람을 "은과 금은 내게 없거니와 내게 있는 것으로 네게 주노니 곧 나사렛 예수 그리스도의 이름으로 걸으라."(행3:6)하여 일으켰다. 주의해야 할 점은 본문은 성경에 허다하게 많이 기록되어 있는 여러 가지 다른 신유의 역사와 동일한 사건이 아니다. 본 사건은 인간 베드로의 심령 안에 보혜사 성령으로 내주하고 계신 주님과 베드로가 인격적으로 연합하여 행하신 인류 역사상 최초의 신유 사건이다. 그렇기 때문에 본문의 기록은 이전이나 이후의 유사한 다른 신유 사건과는 판이하게 다르다.

베드로가 중풍병자를 일으킬 때도 간단하게 "애니아야 예수 그리스도께서 너를 낫게 하시니 일어나 네 자리를 정돈하라."(행9:34)라고만 했지 앉은뱅이 된 사람을 일으킬 때처럼 복잡하게 말하지 않았다. 더구나 다른 앉은뱅이를 일으키는 완전히 동일한 사건에서도 성경이 "루스드라에 발을 쓰지 못하는 한 사람이 있어 앉았는데 나면서 앉은뱅이 되어 걸어 본 적이 없는 자라. 바울의 말하는 것을 듣거늘 바울이 주목하여 구원 받을만한 믿음이 그에게 있는 것을 보고 큰 소리로 가로되 네 발로 바로 일어서라 하니 그 사람이 뛰어 걷는지라."(행14:8-10)라고 기록한 것으로도 알 수 있듯이 바울이 한 말의 전부는 '네 발로 바로 일어서라' 뿐이다.

바울이 앉은뱅이를 일으키면서 주님에 관해서는 한마디 언급도 하지 않았다. 그렇다고 주님은 역사하시지 않고 바울의 능력으로 일으킨 것이 아니다. 베드로가 애니아를 일으킬 때에도 '예수 그리스도께서 너를 낫게 하신다'라고만 했지 '이름'이라는 말은 하지 않았다. 마치 십자가에서 죽으시기 전의 주님께서 애니아를 낫게 하시는 것처럼 표현하고 있다.

c. 은과 금=주님의 이름

베드로가 앉은뱅이를 일으키는 장면에 관한 성경의 기록은 정상이 아니다. 베드로는 '나사렛 예수 그리스도의 이름으로 걸으라'고만 했었어야지 '은과 금은 내게 없거니와 내게 있는 것으로 네게 주노니'라는 변명은 하지 않았어야 정상이다. 우선은 구걸하는 사람이 1000원을 기대하는데 그보다 적은 500원을 줄 경우라면 혹 이런 변명을 덧붙일 경우가 있을 수 있다. 하지만 지금 베드로가 나면서부터 앉은뱅이로 살아온 이 사람에게 주려는 선물은 금액으로는 환산할 수 없는 큰 것이다. 그런데도 베드로가 주려는 것이 마치 구걸하던 앉은뱅이가 기대하던 '은과 금'보다 못한 것인 '나사렛 예수 그리스도의 이름으로 걷는' 것을 주는 것처럼 변명을 한다.

베드로에게는 '은과 금'이 없다. '은과 금' 대신 자기가 가지고 있는 것은 '나사렛 예수 그리스도의 이름'이라는 말이다. '은과 금'과 '나사렛 예수 그리스도의 이름'이 동격이다. 베드로의 심령 안에 내주하고 계신 나사렛 예수 그리스도의 영이신 보혜사 성령 하나님이 '은과 금'과 같은 물리적인 실체라는 말이다.

영은 실체다. 영이 실체로 믿어지지 않는 사람은 그리스도인이 아니다. 기독교를 비롯한 모든 유신종교가 신앙되지 못하고 있는 가장 근본 문제는 영을 실체로 정립하지 못하기 때문이다. 신약성경에 번역상으로는 성령의 감화, 감동이라는 단어가 많이 기록되어 있지만 원어상으로는 단 한 번도 성령의 감화나 감동이라는 단어는 없다. 성경은 성령께서 물리적으로 역사하신다는 말씀이지 감화나 감동을 하고 인간이 의지적으로 결단하고 훈련하라는 공생애의 주님의 삶을 닮기 위한 제자훈련을 위한 종교적 교훈의 말씀이 아니다.

d. 영의 속성

지금까지 정립한 영의 속성을 총 정리하면

첫째, 영은 초월적 존재다.

둘째, 영은 시간과 공간을 초월한 존재다.

셋째, 영은 완전 자유자다.

넷째, 영의 종류는 하나님의 영인 성령과, 천사와, 인간의 영인 심령의 세 가지다.

다섯째, 영은 무감지, 무의식, 무의지 또는 초감지, 초의식, 초의지의 존재다.

여섯째, 성령은 인격적 관계다.

일곱째, 마귀는 비인격적 관계다.

여덟째, 영은 실체다.

e. 주님의 이름으로 기도

어떤 인격체를 이름으로만 표현하는 것은 가시적으로나 물리적으로는 현장에 있지 않지만 실제적으로는 현장에 있는 것과 동일한 권위를 부여하는 것을 의미한다. 성경은 이러한 의미에서의 이름을 가시적으로는 보이지 않지만 초월적인 영이신 하나님의 물리적 실체성을 이름이라고 말씀하는 것이다.

따라서 주님이 하라고 하신 '주님의 이름' 으로 기도를 하려면 먼저 주님을 보혜사 성령으로 영접(요1:12)하여 성령으로 거듭나(요3:5)야 하고, 둘째로는 보혜사 성령으로 내주하고 계신 주님이 물리적 실체로 믿(행3:6)어져야하고 그리고 내주하고 계신 주님께서 직접 기도하셔야 한다는 말씀이다. 주님께서 직접 하시는 기도를 주님께서 시행하시지 않으신다는 것은 있을 수 없다. 그래서 "내 이름으로 무엇이든지 내게 구하면 내가 시행하리라."(요14:14)라고 약속하신 것이다. 누구든지 주님의 이름으로 기도하면 예외 없이 다 주님께서 응답하신다.

f. 성찬식

주님께서 행하라고 하신 성례전은 "너희는 가서 모든 족속으로 제자를 삼아 아버지와 아들과 성령의 이름으로 침례를 주고"(마28:19)라고 하신 것과 같이 침례식과, 주님께서 잡히시던 날 밤에 "또 떡을 가져 사례하시고 떼어 저희에게 주시며 가라사대 이것은 너희를 위하여 주는 내 몸이라. 너희가 이를 행하여 나를 기념하라 하시고 저녁 먹은 후에 잔도 이와 같이 하여 가라사대 이 잔은 내 피로 세우는 새 언약이니 곧 너희를 위하여 붓는 것이라."(눅22:19-20)의 성찬예식뿐이다. 이 성찬예식은 요한복음을 제외한 3복음서와 서신서(고전11:23-25) 등 성경에 모두 네 번 기록되어 있다.

교회는 네 곳의 성찬예식의 기록대로 떡을 먼저, 잔을 나중에 한다. 문제는 교회가 주님께서 반드시 떡을 먼저 떼시고 잔을 나중에 하신 의미는 전혀 모르고 문자적인 율법적으로만 지키어 떡을 먼저 잔을 나중에 하고 있다는 점이다. 의미를 모르고 성경 말씀을 문자적으로만 지키는 모든 것이 율법이다.

주님께서는 처음부터 성찬식으로 시작하신 것이 아니라 "유월절 양을 잡을 무교절일이 이른지라 예수께서 베드로와 요한을 보내시며 가라사대 가서 우리를 위하여 유월절을 예비하여 우리로 먹게 하라."(눅22:7-8)의 기록대로 유월절로 시작하신 것을 성찬식으로 바꾸신 것이다. 즉 구약에서의 구원인 유월절 예식의 신약적 성취가 주님에 의한 성찬예식이라는 말씀이다.

구약에서의 유월절 예식은 하나님께서 애굽의 모든 장자들을 멸하실 때에 "양을 잡고 그 피로 양을 먹을 집 문 좌우 설주와 인방에 바르고 그 밤에 그 고기를 불에 구워 무교병과 쓴 나물과 아울러 먹되"(출12:6-8)라고 말씀하심 같이 문에 피를 바르고 그 집 안에서 잡은 양을 먹는 이스라엘의 집을 구원하신 것이다. 이렇게 유월절 예식은 잔이 먼저고 떡이 나중이다. 그런데 주님께서는 유월절과는 반대로 떡을 먼저 떼시고 잔을 나중에 나누셨다. 주님께서 의도적으로 잔과 떡의 순서를 바꾸신 뜻을 알아야 한다는 말씀이다.

더구나 유월절에서는 피가 먼저이고 양이 나중일 뿐 아니라 "내가 애굽 땅을 칠 때에 그 피가 너희의 거하는 집에 있어서 너희를 위하여 표적이 될지라. 내가 피를 볼 때에 너희를 넘어가리니 재앙이 너희에게 내려 멸하지 아니하리라."(출12:13)

고 하심 같이 구원의 절대 조건은 피만이지 양을 먹는 것은 아니다. 그러므로 주님에 의한 구원의 절대 조건도 떡뿐이지 잔이 아니라는 말씀이다.

성찬식을 정립한 요한복음에서도 "진실로 진실로 너희에게 이르노니 믿는 자는 영생을 가졌나니 내가 곧 생명의 떡이로다. 너희 조상들은 광야에서 만나를 먹었어도 죽었거니와 이는 하늘로서 내려오는 떡이니 사람으로 하여금 먹고 죽지 아니하게 하는 것이니라. 나는 하늘로서 내려온 산 떡이니 사람이 이 떡을 먹으면 영생하리라. 나의 줄 떡은 곧 세상의 생명을 위한 내 살이로라 하시니라."(요6:47-51)라고 하심 같이 구원은 떡만이 절대인 것이다. 그래서 "진실로 진실로 너희에게 이르노니 인자의 살을 먹지 아니하고 인자의 피를 마시지 아니하면 너희 속에 생명이 없느니라."(요6:53)라고 하심 같이 떡과 잔의 논리를 전개하시면서도 "이 떡을 먹는 자는 영원히 살리라."(요6:58)라고 하신대로 오직 떡으로만 결론을 지으신 것이다.

떡을 먹은 사람이 자신 몸속에 떡이 있다는 것을 인식하지는 못하고 살지만, 먹은 떡은 분명히 실제로 자신 몸속에 있다. 주님께서 보혜사 성령으로 자신의 심령 속에 내주하고 계시다는 사실을 인식할 수 없어도 물리적 실체로 내주하신다는 것이 주님의 성찬예식이다.

구약에서의 유월절의 구원은 피가 표적이지만 주님으로 성취하시는 신약적 구원은 성령침례임을 증거하실 뿐 아니라 내 주하실 보혜사 성령 하나님은 실제로 주님 자신이라는 것을 성찬식으로 증거하신 것이다. 그리고 무감지의 초월적인 영이신 보혜사 성령 하나님이 실체라는 사실을 성찬식으로 말씀하신 것이다.

g. 부활하신 주님의 모습

지금까지의 기독교는 부활하신 주님의 모습이 십자가에 달리실 때와 같은 것처럼 가르쳤다. 그러나 성경의 증거로는 "그 후에 저희 중 두 사람이 걸어서 시골로 갈 때에 예수께서 다른 모양으로 저희에게 나타나시니"(막16:12)라고 하심 같이 전혀 다른 모습으로 부활하셨다.

같은 모습으로 부활하셨으면 주님을 그림자처럼 따라다니며 섬겼던 막달라 마리아가 주님을 동산지기(요20:15)로 착각할 리 없었을 것이다. 또 제자들에게 부활하신 주님을 알게 하시기 위해 "내 손과 발을 보고 나인 줄 알라."(눅24:39)라고 하셨을 리가 없다. 엠마오로 가던 두 제자가 주님과 동행하면서도 전혀 주님이신 것을 알지 못했다는 것은 있을 수 없다.(눅

24:13-29) 그뿐 아니라 부활하신 주님은 현현하실 때마다 전혀 다른 모습이셨지 같은 모습으로는 나타나시지 않았다.

성경이 이렇게 다른 모습으로 부활하셨다고 기록하고 있음에도 기독교가 같은 모습으로 부활하신 것으로 가르치는 것은 '피복음' 때문이다. 부활의 목적이 십자가에서 죽으신 육신이 하나님이신 성자 예수님과 부활하신 주님이 같은 몸이라는 것을 증거하시기 위함이라는 것이다. 그러나 다른 모습으로 부활하셨다는 성경의 논리는 생전의 주님의 육신과 부활체는 전혀 상관이 없는 다른 존재라는 의미다. 부활은 주님의 육신을 입고 계셨던 성자 하나님이 육신의 옷을 벗으신 것이다. 그래서 육신의 주님의 모습과 부활하신 주님의 모습은 전혀 다른 것이다.

계시록에서 "촛대 사이에 인자 같은 이가 발에 끌리는 옷을 입고 가슴에 금띠를 띠고 그 머리와 털의 희기가 흰 양털 같고 눈 같으며 그의 눈은 불꽃 같고 그의 발은 풀무에 단련한 빛난 주석 같고 그의 음성은 많은 물소리와 같으며 그 오른손에 일곱 별이 있고 그 입에서 좌우에 날선 검이 나오고 그 얼굴은 해가 힘 있게 비취는 것 같더라."(계1:13-16)라는 기록은 부활하신 주님을 묘사한 것임에 틀림없다.

기독교가 부활하신 주님의 모습이 육신의 모습과는 전혀 다르다고 기록한 성경 말씀을 같다고 가르치는 것은 성경 해석의 문제가 전혀 아니다. 현재까지의 '피복음적' 기독교가 성경을 완전히 무시하고 있다는 객관적인 증거다. '피복음적'인 기독교는 성경과는 전혀 상관이 없는 예수 우상을 섬기는 종교이지 성경적 신앙이 아니다.

h. 영은 실체다

성경 전체는 영이 실체임만을 증거한 책이라고 해도 과언이 아니다. 하나님이 실체가 아니시면 감화 감동 이상의 물리적인 온 우주 만물을 창조(창1:2)하신다는 것은 있을 수 없다. 그뿐만 아니라 영이 실체가 아니라면 출애굽 시대를 비롯한 엘리야와 엘리사 그리고 초대교회 때의 가시적이며 물리적인 표적들은 있을 수 없다. 귀신들린 사람이 "여러 번 고랑과 쇠사슬에 매였어도 쇠사슬을 끊고 고랑을 깨뜨렸음이러라. 그리하여 아무도 저를 제어할 힘이 없는지라."(막5:4)라고 말씀하심 같이 물리적인 초능력을 발휘했다. 이런 사람에게서 귀신을 쫓아내면 성경에서의 증거뿐 아니라 지금도 이런 물리적인 초능력이 없어지는 것은 얼마든지 볼 수 있다. 영이 실체가 아니고서는 이런 현상은 절대로 있을 수 없다.

아브라함에게 나타나서 발도 씻고 음식도 먹었던 세 사람(창

18:1-5)이나 기드온(삿6:11)과 삼손의 어머니가 만났던 여호와의 사자(삿13:3) 등은 틀림없는 물리적인 실체이면서 초월적인 영이었다. 또 "홀연히 주의 사자가 곁에 서매 옥중에 광채가 조요하며 또 베드로의 옆구리를 쳐 깨워 가로되 급히 일어나라 하니 쇠사슬이 그 손에서 벗어지더라. 천사가 가로되 띠를 띠고 신을 들메라 하거늘 베드로가 그대로 하니 천사가 또 가로되 겉옷을 입고 따라오라 한대 베드로가 나와서 따라갈새 천사의 하는 것이 참인 줄 알지 못하고 환상을 보는가 하니라. 이에 첫째와 둘째 파수를 지나 성으로 통하는 쇠문에 이르니 문이 절로 열리는지라 나와 한 거리를 지나매 천사가 곧 떠나더라."(행12:7-10)에서 알 수 있듯이 영인 천사가 실체가 아니고서는 베드로의 옆구리를 물리적으로 치고 쇠사슬을 손에서 벗기고 쇠문이 열리는 일은 있을 수 없다.

이렇게 성경은 영이 실체라는 사실을 여러 가지로 증거하고 있다. 마지막으로 누구도 부인할 수 없게 명확하게 증거한 사건이 예수 부활이다. 부활하신 주님은 틀림없이 "내 손과 발을 보고 나인 줄 알라. 또 나를 만져보라. 영은 살과 뼈가 없으되 너희 보는 바와 같이 나는 있느니라."(눅24:39)라고 기록한 것과 같이 물리적 실체다. 그럼에도 시간과 공간을 초월하시어 벽을 투과(요20:26)하여 방에 들어오셨다. 영은 초월적 존재이면서 실체다.

i. 주님의 임마누엘

엠마오로 가던 두 제자들은 부활하신 주님과 동행하면서도 주님이신 줄을 전혀 알아보지 못하다가 "저희와 함께 음식 잡수실 때에 떡을 가지사 축사하시고 떼어 저희에게 주시매 저희 눈이 밝아져 그인 줄 알아보더니 예수는 저희에게 보이지 아니하시니라."(눅24:30-31)라고 하심 같이 떡을 먹고 주님이신지를 알아봤으나 주님은 앞에 계시지 않았다. 두 제자들의 심령 속에 부활하신 주님께서 임마누엘하셨다는 의미다. 육신으로 계실 때에는 주님께서 보혜사 성령으로 인간의 심령 속에 실체로 내주하신다는 의미로 성찬식(눅22:19-20)을 행하셨던 것을 부활하신 주님께서 실제의 성찬식을 행하셨다는 의미이다.

부활하신 주님께서는 벽을 투과하실 수 있다. 부활하신 주님께서는 내 몸을 투과하실 수 있다. 부활하신 주님께서는 벽을 투과하시다가 벽 속에 머무르실 수 있다. 부활하신 주님께서는 내 몸을 투과하시다가 몸속에 머무르실 수 있다. 이것이 내 마음의 주인을 주님으로 바꾸는 것(행16:31)이고, 주님을 영접하는 것이고 그 이름을 믿는 것(요1:12)이며, 성령으로 거듭나(요3:5)는 것이다. 성경적인 성육신하신 주님에 의한 완전한 구원은 내 죄를 위해 십자가에서 피흘려죽으신(마26:28) 주님께서 부활하시어 실체로 내 심령 안에 들어오시는 것뿐이다.

영의 실체성이 믿어지지 않는 사람은 그리스도인이 아니다. 영의 실체성이 믿어지지 않는 사람은 그리스도의 심장이 있는 사람이 아니다.

기독신앙은 오직 성경!

오직 예수!

오직 믿음!

오직 성령!

성경으로 돌아가자.

Back to the Bible!

www.btbible.com

영靈은 실체實體다

지은이 | 최영삼

펴낸날 | 2012년 7월 22일
펴낸이 | 최의중
펴낸곳 | 도서출판 겨자씨앗

주소 | 서울 성동구 성수2가 275-11번지
전화번호 | (02)467-8831
팩스번호 | (02)462-2381
출판등록 | 제2011-000064호

ISBN 978-89-967522-7-1 03230

* 책값은 뒤표지에 있습니다.
* 잘못된 책은 교환해드립니다.